Bruno J. Gimenes & Patrícia Cândido

O Criador da Realidade
A vida dos seus sonhos é possível

ATENÇÃO!
bônus! Acesse o link agora:
darealidade.com.br/livro
e tenha acesso imediato ao
treinamento online.

Luz da Serra
EDITORA

13ª edição / Nova Petrópolis - RS / 2021

Capa: Marco Cena
Revisão: Renato Deitos
Editoração Eletrônica: Bruna Dali e Maitê Cena

Dados Internacionais de Catalogação da Publicação (CIP)

G491c   Gimenes, Bruno J.
        O criador da realidade : a vida dos seus sonhos é possível / Bruno J. Gimenes, Patrícia Cândido – 13. ed. – Nova Petrópolis: Luz da Serra, 2021.
        128p.

        Inclui bibliografia.
        ISBN 978-85-7727-234-1

        1. Autoajuda. 2 . Motivação (psicologia). 3. Espiritualidade. 4. Autoestima. 5. Consciência. 6. Sucesso – Aspectos psicológicos. I. Cândido, Patrícia. II. Título.

                                          CDU 159.947.3
                                          CDD 158.1

(Bibliotecária responsável: Sabrina Leal Araújo – CRB 10/1507)

Todos os direitos reservados. Nenhuma parte desta obra pode ser reproduzida ou transmitida por qualquer forma e/ou quaisquer meios (eletrônico ou mecânico, incluindo fotocópia e gravação) ou arquivada em qualquer sistema ou banco de dados sem permissão escrita da Editora.

Luz da Serra Editora Ltda.
Avenida Quinze de Novembro, 785
Bairro Centro - Nova Petrópolis / RS
CEP: 95150-000
www.luzdaserra.com.br
loja.luzdaserraeditora.com.br
Fone: (54) 3281.4399 / (54) 99113-7657
loja@luzdaserra.com.br

Sumário

Apresentação
Viva a vida dos seus sonhos! 5

Capítulo 1
Desconstruindo as crenças negativas 9

Capítulo 2
Concepções básicas 41

Capítulo 3
O universo é energia 53

Capítulo 4
Comportamento coerente 69

Capítulo 5
Como criar sua nova realidade
Exercícios práticos 93

Capítulo 6
Casos de sucesso 107

Considerações finais
Por que a maioria das pessoas não
consegue realizar uma vida de sonhos? 115

O Desafio do Criador 123

Bibliografia 125

Viva a vida dos seus sonhos

APRESENTAÇÃO

"A mente criadora é o dom maior naqueles que são revolucionários." Jorge Ben Jor, Jorge Aragão, Jorge Mautner e Jorge Vercilo

É uma grande alegria podermos nos encontrar novamente nas páginas de um livro. Felicidade maior nos move por sabermos que nas linhas a seguir você encontrará dicas que, se utilizadas com dedicação, transformarão a sua experiência em uma história de sucesso.

Nós, Bruno e Patrícia, com muita alegria apresentamos esse trabalho com um objetivo bem definido. Todavia, temos a consciência de que a decisão é sempre de cada um em aceitar ou não o conteúdo de um livro e colocá-lo em prática.

Nossa caminhada como escritores, professores e conferencistas vem nos trazendo imenso prazer em viver, enorme gratidão pela vida e muita, mas muita vontade de repassar tudo o que aprendemos até aqui para o máximo de pessoas possíveis. Temos um estilo de vida que alimenta nossos espíritos, porque estamos realizando a missão de nossas almas.

Trata-se de uma sensação incrível, de liberdade e realização, olharmos para trás e percebermos quantos paradigmas vencemos, quantas conquistas obtivemos, e que qualidade de vida louvável adquirimos. Sorte? Não, com certeza não. Somos almas dedicadas à busca pela espiritualidade, à elevação da consciência e ao desenvolvimento dos sentimentos mais sublimes que um ser humano pode ter. Acreditamos em Deus, na Existência, na Mente Divina, na Luz do Universo. Mesmo assim, sorte ou azar é escolha de cada um e não uma obra do acaso.

Caminhamos desde os nossos livros anteriores, desde nossos projetos com o Luz da Serra, em nossos cursos, seminários e palestras por todo o país, procurando inspirar nas pessoas valores para a alma, tudo em uma linguagem simples e prática.

O tempo passou, muitas coisas se manifestaram, quando percebemos em nós a capacidade de sermos criadores de nossa própria realidade. Diga-se de passagem, uma capacidade que todos temos. Assim, estamos aqui engajados na tarefa de repassar dicas incríveis para você reconstruir tudo ao seu gosto. Queremos oferecer o máximo de informações que lhe possibilite criar a sua realidade repleta de alegria e bem-estar.

Sim, existem condições para que você construa uma vida maravilhosa. Ao longo do livro você perceberá que é mais fácil do que pensa, e tem uma ligação profunda com o seu universo de pensamentos, sentimentos e emoções. Em outras palavras, sua capacidade de criar uma vida plena está diretamente ligada com a sua espiritualidade, que é um estado de consciência.

E qual a relação entre espiritualidade (ou evolução espiritual) com esse processo de manifestar objetivos e criar realidades melhores?

A relação é tão íntima que não existe separação entre uma coisa e outra. Simplesmente pelo fato de que uma pessoa se torna a criadora consciente de sua realidade quando está em equilíbrio com a sua espiritualidade. Lembre-se, não estamos falando de religião, estamos falando de estado de espírito, o que é bem diferente.

E por que decidimos escrever um livro sobre como manifestar uma vida de sonhos?

Porque faz parte do processo de busca do ser humano, faz parte da sua evolução encontrar equilíbrio e abundância na vida material, que sustenta tantas condições necessárias para a alma humana desempenhar seu papel, sua jornada, ou melhor, sua expansão.

Todos, sem exceção, aproveitamos a experiência de vida para nos expandirmos. A direção e a polaridade desse movimento depende de cada um, porém movimentar-se é inevitável. Uma pessoa até pode trancar esse processo natural, contudo ela sofre com doenças, dores, escassez e tristeza. Isso porque, quando não estamos conscientes, essa expansão ocorre no sentido negativo. Por outro lado, quando a pessoa percebe esse movimento conscientemente, ela pode pegar uma carona nessa correnteza e navegar suavemente nas águas da felicidade e das realizações substanciais para sua alma.

Encontramos uma realidade atual em que a maioria das pessoas mundo afora estão desmotivadas, negativas, cansadas, desiludidas, amarguradas, chateadas, melindradas, doentes, sem força, pobres, vingativas. Acredite: cada um é responsável por tudo que tem ou é... definitivamente não existem culpados além da ignorância de cada um.

Jamais em toda história da humanidade vivemos um momento tão propício à nossa evolução, à expansão da nossa felicidade e ao bem-estar. Todavia, em nenhuma outra época o ser humano esteve tão desanimado, desmotivado e fraco para concretizar sua missão. Isso assusta, preocupa... Precisamos sair desse momento delicado, precisamos lembrar da nossa força, das nossas capacidades e responsabilidades.

Nossa proposta nesse trabalho é oferecida como resposta a essas principais dificuldades, porque precisamos urgentemente dominar a capacidade de sermos os criadores de nossa prosperidade, em todos os sentidos. Por quê?

- Porque você não pode perder para a sua própria ignorância: seria uma derrota cruel;

- Porque se você não tiver equilíbrio no aspecto material, falhará na sua missão e sofrerá além do necessário;

- Porque se você não conseguir honrar seus compromissos financeiros, não será uma pessoa livre, mas limitada, medrosa e assustada, vibrando na escassez;

- Porque as pessoas querem exemplos a seguir, e quando você for próspero e souber manifestar uma vida de sonhos, terá muito mais magnetismo e confiança para fazer seu trabalho com amor e dedicação;

- Porque, se você tiver abundância financeira, se sentirá muito melhor e esse estado o tornará uma pessoa ainda melhor, mais livre, criativa e feliz;

- Vibrando assim, você estará constantemente conectado com a fonte da qual você se alimenta, serve e é servido. Você estará em plena sintonia com Deus, com as mais sublimes energias de cura e amor. Além do mais, com abundância de recursos, você poderá utilizar todo seu conhecimento e criatividade para transformar o mundo e instruir mais pessoas.

Você precisa aprender a dominar os mecanismos que aproximam ou distanciam a prosperidade para a sua vida, tanto para aplicar em sua caminhada quanto para ensinar ao próximo. Essa é uma importante tarefa a ser realizada, porque do seu sucesso dependerá grande parte do sucesso da humanidade. É um aprendizado que tem máxima prioridade em ser conquistado. *O Criador da Realidade* é a nossa contribuição nesse sentido. Aplique-o em sua rotina e crie sua realidade definitivamente: **Viva a vida dos seus sonhos!**

Desconstruindo as crenças negativas

Capítulo 1

"Devemos construir diques de coragem para conter a correnteza do medo."
Martin Luther King

Conheça os principais fatores que influenciam o seu sucesso!

Para aprender a criar a realidade dos seus sonhos, em primeiro lugar você precisa começar a entender alguns fatores que influenciam diretamente, com muita intensidade, o seu estado de espírito. Desta forma, são acontecimentos que precisam ser contornados com sabedoria e eficiência.

Conscientize-se de que esses erros, se não corrigidos, podem afetar negativamente a vida de uma pessoa com tanta intensidade, que o caos será o resultado mais provável.

Lembre-se que você quer criar uma realidade vibrante, então preste muita atenção e faça a sua parte.

Desconstrua-se para conquistar sua liberdade

O universo inteiro foi criado a partir de elementos fundamentais que deram origem à matéria que hoje conhecemos. Hoje, a Física Quântica já comprova que para dar início a um processo criativo, antes de mais nada é necessária uma mente idealista, e o processo de criação é justamente quando os pensamentos da mente idealizadora começam a se moldar de acordo com a vontade de um criador. Portanto, hoje já sabemos que tudo o que existe partiu da mente de um Criador Maior.

Esse Criador, que alguns chamam de Deus e outros chamam de Alá, Jesus, Krishna ou Energia (realmente Seu nome não importa – dentro de nosso estudo é a "Energia Criadora"), idealizou e construiu o ser humano com a capacidade de poder ilimitado para que possamos ser, ter ou fazer o que quisermos, sendo que para isso existe uma regra básica: sermos felizes (sentir-se bem), desde que não façamos ao outro aquilo que não gostaríamos que nos fizessem. Obedecendo à famosa regra de ouro, presente em todas as escrituras sagradas e cumprindo esse lindo "caminho do bem", nos conectamos à Fonte, esse é o primeiro passo fundamental.

Mas por que é tão importante nos conectarmos à Fonte da Energia Criadora?

Estamos aqui neste mundo para expressarmos nossa criatividade de forma multidimensional e, quando estamos conectados à Fonte Superior, nossa força cresce e o universo se expande através da nossa vontade.

Você conhece a frase: *"Seja feita a Sua vontade, assim na Terra como no Céu"*? Pois então vamos supor que a Fonte esteja no lugar que chamamos de Céu e nós, evidentemente, estamos aqui no ambiente que chamamos de Terra. Quando estamos interligados (Céu e Terra), nossas vontades unidas tornam-se mais poderosas e se materializam, pois, para que a matéria se faça, Céu e Terra se conectam, eles "precisam" um do outro, em uma relação de parceria, como uma sociedade ou um casamento. É isso, simples assim...

Mas então, por que é que na maioria das vezes nossos desejos não se realizam?

Ah, eis a questão! Pelo nosso nível de contaminação e crenças baseadas no medo. A proposta deste livro é justamente desconstruir padrões de medo que estão enraizados em nossas mentes por séculos e séculos que, de uma forma hedionda, deturparam nosso poder criador e continuam até hoje, tentando convencer-nos de que somos criaturas infelizes, fracas, afinal, meros mortais sem nenhum poder. Além de tudo isso, acreditamos que mesmo de forma inconsciente nosso Criador nos castiga de vez em quando, em caso de mau comportamento. Que ilusão!!!

Então, vamos à cura... O primeiro ponto para se desconstruir é examinar seu nível de liberdade.

Pense neste momento: O que o aprisiona? O que você faria se fosse totalmente livre? Por que você não é livre?

Muitas respostas podem neste momento habitar a sua mente, como:

"Seria livre se não tivesse que trabalhar tanto" ou

"Seria livre se fosse solteiro" ou

"Seria livre se pudesse ter mais dinheiro" ou

"Seria livre se não estivesse aprisionado em um corpo do qual não gosto" ou

"Seria livre se não sentisse tanta raiva" ou

"Seria livre se me libertasse do medo" ou

"Seria livre se pudesse cantar e dançar" ou

"Seria livre se pudesse voar".

Agora lhe perguntamos: O que está faltando para essa liberdade chegar?

ATITUDE.

Saia da zona de conforto e comece já. Agora. Neste momento. É muito simples. Muitas vezes pode ser doloroso e desconfortável, mas é simples. Só precisa de iniciativa. Se você não estiver disposto a correr riscos, então já está morto...

Se trabalha demais, trabalhe menos.

Se está aprisionado em um relacionamento, divorcie-se.

Se não tem dinheiro, organize-se.

Se não gosta do seu corpo, mude todos os seus hábitos e vá à luta, faça dieta, exercícios, mude o corte de cabelo, vá ao dentista, compre novas roupas.

Acredite: ninguém vai pegá-lo pela mão, obrigando-o a conquistar a sua liberdade, porque para os outros é bom que você continue assim, exatamente do jeito que é.

Só você poderá buscar sua liberdade e é possível conquistá-la, não importa onde você esteja agora: numa cadeira de rodas ou em uma cela de prisão, depende de você. Você pode até se surpreender com o que vamos dizer agora, mas, se realmente quiser, você pode até ganhar dinheiro enquanto dorme e conquistar um estilo de vida de puro prazer e felicidade, sem estresse, fazendo somente o que você gosta. Mas este é um assunto que estudaremos mais tarde, porque antes precisamos quebrar alguns conceitos...

O aprisionamento das relações

Como falamos anteriormente, temos poder ilimitado para expandir o universo através de nossos desejos e criações.

Há espaço suficiente no universo para toda a expansão que a nossa alma é capaz de produzir, porém, quando estamos em plena ascensão, exercendo nosso extraordinário poder como reflexos do grande Criador, eis um fator que nos limita: o julgamento alheio.

Para que possamos criar, expandir e evoluir necessitamos nos libertar das opiniões das outras pessoas. Também pode ser que você interfira no processo criativo dos demais por necessidade de controle e poder. Liberte-se disso.

Como diz James Redfield no excelente livro *A Profecia Celestina*, não queremos dinheiro, mas queremos poder e controle sobre a energia dos demais. Somos essencialmente curiosos e sempre queremos saber o que está acontecendo com as outras pessoas, o que elas estão pensando ou sentindo. Se o contrário fosse verdade, as revistas de fofocas de celebridades não venderiam milhares de exemplares todos os dias.

E com essa necessidade toda de controle e poder sobre os que vivem à nossa volta, formamos um emaranhado de laços energéticos densos que impedem uma melhor conexão com a Fonte Suprema. Para uma sintonia perfeita, sem interferências, precisamos limpar o caminho e deixar que as outras pessoas sejam livres para focar sua atenção no que querem para que possam criar, se expressar e evoluir.

Se exercemos controle sobre alguém ou somos controlados, pelo menos uma das partes estará infeliz e impossibilitada de conectar-se com a Fonte e de ser quem realmente é: um ser com capacidades ilimitadas para transformar e expandir o universo.

Quando opinamos na vida dos outros e recebemos as opiniões externas, nosso poder limita-se às crenças alheias, bem como influenciamos o processo criativo dos demais.

A liberdade propicia a expansão do universo para que ele cresça dentro dos desejos de cada ser. Precisamos usufruir da variedade de crenças, desejos e metas e exercer o poder de criador em nossas vidas sem querer controlar o processo criativo das outras pessoas.

Nossa família, nossos amigos e a mídia nos estimulam a termos um comportamento diferente de nossos desejos para que possamos atender aos desejos deles e nos esquecermos dos nossos.

Sinceramente, usaríamos uma roupa completamente fora da moda só porque gostamos, sem nos preocuparmos em sermos chamados de ridículos pelos outros? Não usaríamos, porque existe um grupo que dita as tendências de moda e obedecemos aos desejos desse grupo e não aos nossos. Somos manipulados. Não temos liberdade nem para vestirmos as roupas das quais gostamos. Esse é um exemplo que demonstra nitidamente o quanto nos esforçamos para obedecer aos desejos alheios.

A força de um grupo que caminha rumo aos mesmos objetivos nem se compara à força de um único indivíduo. O grupo tem um maior poder e, de acordo com a Física Quântica, quando vários indivíduos reúnem-se existe o que chamamos de campo unificado, que dá muito mais força a uma ideia, materializando-a. Claro que grupos como família, a empresa onde trabalhamos ou a nossa religião nos forçam a concordar com tudo o que é bom para eles. Assim, perguntamos:

- Você é feliz nos grupos dos quais faz parte? O que precisa para que você seja feliz?

Você precisa somente encontrar um grupo de pessoas afinizado com sua vontade. E isso é fácil, basta imaginar que a mente já dispara a energia da atração, o que é muito divertido e exercita nosso poder criador. Assim, começamos a conhecer novas pessoas, afinizadas com nossos princípios e valores.

Por favor, entendam, esse texto não é um culto ao egoísmo, pelo contrário, queremos estimular a união da família e dos amigos, desde que você tenha discernimento suficiente para filtrar as imperfeições dos outros sem deixar-se contaminar e limitar seu divino poder de criar! E muitas vezes, para que possamos exercer livremente nossas vontades, no início precisamos obedecer ao voto do Bhodissatva e "abandonar a terra natal", no sentido de um afastamento saudável dos grupos e pessoas que nos influenciam negativamente. Quanto tempo faz que você não fica sozinho consigo mesmo, recebendo apenas influência de seus próprios pensamentos? Contemplar o silêncio e alguns minutos de solitude é um antídoto poderoso para treinar o discernimento.

As pessoas que nos amam também estão interessadas em satisfazer seus próprios desejos. É exatamente assim que funciona a dança de expansão do universo: interesses, trocas e parcerias. Se for bom para todas as partes, ótimo. Se para alguém não for bom, está indo contra as leis naturais. Quando isso acontece, é hora de um profundo exame para rever a direção das coisas.

Hoje observamos um movimento interessante na sociedade, que é a saída tardia da casa dos pais. Cresce cada vez mais o número de pessoas que após os trinta anos ainda moram com seus pais, o que em décadas anteriores era bem diferente. Antigamente, os jovens tinham interesse em construir sua própria família, sua identidade, seu sustento e suas casas, e, mesmo para morar sozinhos, por volta dos dezoito anos iam à luta para alavancar suas vidas. Hoje o que vemos são "trintões e quarentões" infantilizados, ainda adolescentes e que não sabem "se virar" sozinhos sem ajuda do papai e da mamãe. E isso acontece porque os pais querem os filhos por perto por uma necessidade de controlá-los ou por carência, e os filhos acomodam-se por ter tudo o que necessitam com o conforto da casa de seus pais. Quer um melhor exemplo de controle? Também temos a mídia que nos controla pelo medo, expondo nos noticiários um verdadeiro show de horrores e violência, que representa a realidade de uma camada muito pequena da população. E o que acontece? Todos nós assistimos, lemos, ouvimos e entramos no sentimento de tristeza e medo, produzindo de forma material essa mesma realidade violenta para nós mesmos. Quer ser livre? Não assista, leia ou escute notícias ruins. Você ficará sabendo, alguém sempre comenta. E é muito melhor saber por alguém do que assistir no mesmo momento em que milhões de pessoas se entristecem e produzem uma energia de terror. Não precisamos de mais exemplos... Pense muito nisso!

Se você prende alguém, por favor, liberte seus prisioneiros já, agora! E se você é prisioneiro de alguém, fuja da prisão e corra atrás de sua liberdade! Ela é fundamental para que você tenha sucesso e a vida que sempre quis!

Mude seu foco, olhe para as coisas boas da vida. Sua atenção é como um fermento: dá volume para a situação na qual você está focado. Se você focar seus pensamentos, sentimentos e emoções em coisas boas, inevitavelmente elas se expandem, manifestando-se: essa é a lei.

O que você quer para sua vida?

Quer ser livre? Então venha conosco nessa jornada para ser o protagonista dessa aventura, tornando-se o criador da sua realidade para viver a vida dos seus sonhos!!!

Foco errado = dor e sofrimento! Mude-o agora!

O século XXI mostra-se como grande gerador de oportunidades incríveis que possibilitam a mudança de paradigmas do pensamento humano, com uma ampla gama de possibilidades e força, nunca antes imaginada.

Sim, existem pessoas imersas na alienação consciencial, pessoas afundadas no mar das ilusões da matéria, que não sinalizam qualquer interesse na direção da busca por evolução espiritual.

Contudo, esse fato não diminui a abundante onda de informações que avança sobre a Terra.

Qualquer que seja a pessoa, mesmo com limitações financeiras, ainda assim consegue ter acesso à informação, a aprendizados, portanto pode fazer escolhas, deliberadamente!

O ser humano, pouco a pouco, mesmo que envolvido no psiquismo que tem como característica marcante o fascínio pela matéria, começa a se dar conta de que tudo está interligado, que cada pensamento constrói uma realidade, que cada ato gera uma consequência, que cada ação gera uma reação.

O ocultismo não existe mais! O que separa o "joio do trigo" não é uma simples ocultação de fatos, de atividades ou estudos, mas os níveis de consciência de cada ser.

A avalanche de informações que nos é oferecida todos os dias proporciona ao ser humano uma oportunidade incrível de expansão em todos os sentidos, revelando as nossas crenças como os únicos fatores limitantes.

A ignorância só é mantida pela falta de iniciativa, pelas crenças equivocadas e principalmente pelo comodismo impregnado na alma de muitas pessoas. Mesmo assim, qualquer pessoa movida pelo desejo de ser feliz (desejo intenso, de alma, de coração!), de se expandir, de prosperar, recebe do universo todo o impulso necessário para sua plenitude.

A Física Quântica mostra ao mundo que o ser humano é o eterno criador de sua realidade, bem como cocriador do universo, comprovando que definitivamente não existem vítimas, nem vilões, nem culpados.

Vejamos todos a beleza desse momento atual: em nenhuma época do passado estivemos tão embebidos de bases sólidas, comprovadas e claras, sobre o efeito da intenção humana e da força do pensamento.

Sim, muitos possuem o conhecimento, mas não a sabedoria. Esse grupo inclui as pessoas que acessam a informação e não a usam. Entretanto, cada vez mais o homem vem entendendo a noção de sabedoria: o homem só se torna sábio quando usa o que sabe!

Assim, alguns aprendem pela vontade natural, dedicação e iniciativa, movidos por um interesse em conquistar abundância de recursos, de boas amizades, de amor-próprio, autoestima, felicidade e consciência do todo. Já a maioria de nós segue aprendendo pela pedagogia das crises, dores, sofrimentos, conflitos e dramas.

Seja da forma que for, todos nós sabemos: precisamos dar atenção à nossa consciência espiritual, que é a verdade do espírito. Priorizando essa capacitação não como um simples acessório, mas como algo essencial.

Cada um vem aprendendo do seu jeito, à sua maneira. Seja pelo amor ou pela dor...

O que chama a atenção é o fato de que muitas pessoas já despertaram e ainda que timidamente, já acenderam a chama da consciência em suas almas. A consequência: todos estão mais cientes de si e querem evoluir, querem mudar, se expandir, conquistar paz, abundância e felicidade; mas ainda somos alunos em níveis primários, destreinados na arte de construir realidades iluminadas, abundantes e harmoniosas.

A energia do universo sempre fluirá no sentido do foco de nossas intenções. E, como nossos níveis de consciência e discernimento ainda não alcançaram um patamar satisfatório, estamos pagando caro pelo mau uso de nosso livre-arbítrio. Simplesmente pelo fato de que, quando nos tornarmos conscientes de que podemos criar a nossa realidade, entenderemos em um nível mais profundo, mais íntimo, o verdadeiro sentido da liberdade de decisões que o universo nos dá.

A sabedoria para usar o nosso livre-arbítrio se faz necessária nas pequenas situações da vida, como, por exemplo, magoar-se ou não com alguém, perdoar ou não, desejar bem ou mal, estar com o humor em alta ou em baixa, agradecer ou lamentar-se, e assim por diante. Eis a grande obra permitida pelo livre-arbítrio: podemos ser felizes, saudáveis e ricos ou podemos ser infelizes, doentes e pobres.

Você pode dizer: "Não é uma escolha tão simples assim". Pois lhe afirmamos: é simples assim mesmo!

Além disso, nós não poderíamos deixar de colocar toda nossa intenção nessas palavras, ou seja, se nós não lhe desafiarmos a enxergar uma realidade mais ampla, com níveis de possibilidades ilimitados, a leitura desse texto de nada valeria em sua vida.

Estamos certos de que as leis universais que regem a humanidade não prestigiam mais um ser do que outro, não prejudicam a um enquanto favorecem a outro, senão não teriam o menor sentido. No momento em que vamos nos despindo dos antigos hábitos e crenças, despertamos para novos níveis de consciência, que por consequência nos alavancam para um estado de espírito mais vibrante, capaz de transformar nossas vidas em histórias de sucesso. Basta você querer, se dedicar de verdade, focar com todas as forças do seu ser nos seus objetivos, incendiar a sua alma com a essência dos seus sonhos e projeções. Foco e intenção! É assim que a lei se manifesta.

Você pode até não saber ainda, mas ela já se manifesta em sua vida, em tudo, para tudo, em todos os acontecimentos e situações. Tudo, efetivamente tudo que acontece em sua vida se dá em resposta à sua vibração, em resposta ao foco de tudo que pensa e intenciona. Claro que você pode não ter consciência de que é o criador da sua total realidade, mas afirmamos: você é.

Em todos os setores da sua vida, você se tornou ou manifestou aquilo que deu foco, porque todos nós atraímos a essência daquilo que pensamos e esse é o ponto!

Desde o início da nossa jornada como terapeutas, professores e escritores, temos muito contato com pessoas de todos os lugares, que sofrem por não conseguir uma realidade de vida considerada por elas como ideal.

Também estamos assistindo a um crescimento muito grande das chamadas doenças da alma, como depressões, sentimentos de abandono, culpa, medos, síndromes de pânico, baixa estima generalizada, falta de aceitação, entre outras. Essa explosão de doenças emocionais muito se dá pelo fato de que as pessoas estão percebendo mais as realidades que as cercam e reagindo em resposta a tantas informações e sensações.

Muitos reagem a fatores externos como se fosse a sua própria realidade, o que nem sempre é verdade. Exemplo: assistimos a um noticiário, que fala de medo, violência, corrupção e golpes. Quando recebemos essas informações reagimos emocionalmente a elas, com surpresa, indignação, medo, revolta, entre outros sentimentos densos. Dessa forma ativamos na essência energética pessoal esse nível de realidade baseado nas informações da mídia. Note que na maioria dos casos a sua vida não passa nem perto dos desastres dos noticiários. Entretanto, se você continuar a viver, diária e maciçamente, a vibração que a TV, a internet, o rádio ou o jornal lhe trazem, você se tornará idêntico, atraindo magneticamente todas as situações que existem nos noticiários. É provável também que, depois de um certo tempo, você passe a assisti-los mais ainda, porque irá considerar que é exatamente o que acontece na sua vida, em outras palavras, encontrará afinidade... Grande erro!

Você se tornou a vibração dessa chuva de informações catastróficas e intimidadoras que escravizam em vez de informar ou educar. Não se iluda, você se torna a essência daquilo que dá foco, e continua a atrair ciclicamente mais acontecimentos de mesma frequência. Por isso, se você não se cuida, a desgraça na sua vida se torna uma constante. Não porque seu Deus lhe castiga ou não lhe ajuda, tampouco porque seu karma é grande ou porque Jesus lhe abandonou. Nada disso! Simplesmente pelo fato de que você usa a sua capacidade de ser criador de sua realidade, de forma equivocada, focada no medo, na polaridade negativa dessa força. E as doenças da alma seguem borbulhando na crosta da Terra, porque estamos reagindo a tudo. Não queremos mais isso, não queremos mais aquilo, não nos conformamos mais com isso, não aceitamos mais aquilo, não suportamos mais aquela outra situação, e assim por diante. Enquanto nossos desejos são de afastar as situações negativas de nossas vidas, ao focarmos no que não queremos, no que não gostamos ou rejeitamos, estamos com isso aproximando essas situações ainda mais de nossas vidas, pois estamos criando uma realidade a partir do sentimento ao qual damos foco.

A maior causa de desgraças, acidentes, problemas, crises e doenças de toda natureza está no foco que temos, na essência de nossas projeções.

- Converse com alguém feliz, veja a natureza do conteúdo de seus diálogos. São conteúdos que alimentam o riso, a alegria, a descontração e a saúde.

- Converse com alguém triste, depressivo, abatido pelos fatos e problemas. O conteúdo de suas conversas é sempre sobre o último transtorno de sua vida, a falta de dinheiro, a revolta com o governo, a injustiça que sofreu, o golpe do qual foi vítima, a dor da última perda, e mais uma enxurrada de desgraças.

Muitas pessoas nos perguntam: Mas não é real o sofrimento das pessoas? Não são reais os acontecimentos de ordem negativa?

Sim, claro que são, eles existem e deixam suas marcas... Contudo, eles (os acontecimentos) só estão se manifestando como consequência da vibração ou sintonia em que as pessoas se encontram.

Em um trabalho que fazíamos on-line com pessoas de diversas partes do Brasil, certa feita nos deparamos com um e-mail de desabafo. A pessoa reagia a um texto que havíamos escrito de forma intensa. O rapaz magoou-se porque não concordava com o texto. O tema central falava sobre depressão e suas causas (segundo a nossa visão).

Veja na íntegra o texto que foi publicado na internet e em vários jornais da nossa região:

Depressão, o que é?

Estar imerso em uma realidade de vida onde os conflitos, dívidas, dúvidas, crises e depressões navegam livremente geram em qualquer pessoa desequilíbrios de ordem emocional, mental e espiritual.

Não fazer o que se ama, abdicar de seus sonhos, rejeitar sua espiritualidade, ignorar sua intuição e deixar de ser você mesmo são equívocos que podem lhe "custar caro".

Essas são as principais causas dessa doença, que se tornou uma consequência natural dos tempos modernos. Isso porque, nós todos, seres humanos, esquecemos de nossas essências interiores.

Como estamos muito distantes de nós mesmos, mergulhados em uma avalanche de conflitos e desilusões, a depressão acaba aflorando com facilidade. Algo inaceitável, inconcebível! Simplesmente porque a depressão é um alerta que quer dizer:

- Você não está alinhado com a missão da sua alma!

- Você não gosta da sua realidade de vida e por isso está em conflito!

Depressão tem cura. Depende de você. É preciso que se queira assumir com mãos firmes as rédeas da sua vida. Que você faça mudanças necessárias para enfrentar de forma nova a sua realidade de vida! Quando você se alinhar a isso, já será "meio caminho andado" na direção da cura. Pense nisso!!!

Essa pessoa leu o texto e nos respondeu da seguinte forma:

Bom dia.

Acabei de ler esse texto sobre a depressão.

Desculpe, mas vou ter que discordar, infelizmente as pessoas com depressão são julgadas assim.

Eu sou uma pessoa depressiva, luto todos os dias para estar de pé, só quem sente o vazio na alma sabe o que é a depressão.

Não sou uma pessoa que se perdeu nas ilusões do ego!

Sou uma pessoa que abomina preconceitos, na minha casa ensino isso a meus filhos.

Não rejeito a espiritualidade, prova disso é que sempre estou no site de vocês procurando novos conhecimentos.

Amo o meu próximo, penso nos outros, não sou materialista e adoro receber meus amigos em casa.

Amo meus animais.

Luto para crescer espiritualmente, comecei a fazer o Evangelho Segundo o Espiritismo em casa.

Acho que precisamos rever a maneira de ver as pessoas depressivas. Acho que somos rotulados.

Um dia recebi um e-mail, onde falavam da depressão, dizia que os depressivos são egoístas.

Eu respondi dizendo para essa moça, que era espírita, que agradeça a Deus por não estar contida no meio dos depressivos, e que ninguém de sua família passasse por isso.

Por que só quem passa por esse processo sabe o que é.

Avalie os irmãos depressivos como seres necessitados de ajuda e amor.

Tenha um bom dia na Paz de Nosso Irmão Maior Jesus Cristo.

*Assinado: J. D. S ("**Morrer sim, viver em vão jamais.**")*

Convidamos todos a uma reflexão sobre essa resposta, percebam que se trata de um rapaz do bem, com bom coração e nitidamente amoroso. Então, qual o erro dele? Qual seria o motivo pelo qual a sua vida teria se transformado em uma realidade depressiva, mesmo ele sendo alguém com uma família estruturada?

Para tomar maiores conclusões, convidamos todos para analisarem a assinatura eletrônica desse amigo internauta: ***Morrer sim, viver em vão jamais!***

Tínhamos acabado de ler o texto do internauta, quando no final nos deparamos com a expressão que ele usava na sua assinatura eletrônica. Nesse momento percebemos que se tratava de mais um caso em que o foco estava errado, suas crenças, seus paradigmas e seu costume equivocado de focar seu pensamento justamente nas coisas que ele queria afastar de sua vida. Exemplo: Morrer ou Viver em Vão!

Após analisar o e-mail, emitimos a seguinte resposta:

Oi, J. D. S! Obrigado por seu e-mail.

Sou um ex-depressivo que acordava e não conseguia sair da

cama. *Conheço bem dessa realidade, conheço as dores da alma de um depressivo. Daí a minha motivação em ajudar as pessoas sobre essa doença da alma.*

Eu peço que me desculpe, porque não quis ofendê-lo. Minha visão desse texto é que ele não é ofensivo, mas vou repensá-lo.

Na minha opinião, leia-o novamente, e, se possível, procure identificar nele algo que dê para aproveitar e exclua o resto.

Estamos todos juntos nessa caminhada procurando a evolução e a paz. Quando escrevo não coloco críticas como base, coloco vontade de ajudar, espero que me entenda.

Se você quer se curar, e sei que quer, precisa focar no que gosta, no que sonha, no que acredita ser um futuro brilhante, só assim eu consegui sair da depressão. Sei que funcionará para você também!

Veja a frase utilizada na sua assinatura eletrônica: **Morrer sim, viver em vão jamais.**

Penso que a energia dela não está bem definida. As palavras têm força! Pense na hipótese de ajustá-la. Ninguém morre, a alma não morre. Essa sua assinatura é muito poderosa e está ancorando uma energia do tipo: "Posso morrer um dia (ou sofrer, ou cair, ou algo assim, mas não viverei em vão)". Falar a palavra "em vão" atrai mais desse sentimento.

Minha sugestão seria: **"Viver pelo propósito da felicidade e do amor"**. *Te faço um desafio, mude sua assinatura e veja seus resultados. Percebo que és uma alma de luz, por isso será mais fácil para você. Acho que seu foco está errado, você precisa se focar no que quer e nem pensar, nem falar o que você não quer.*

Pensa com carinho?

Fique na luz,

Grande abraço!

Bruno J. Gimenes

Então vejam a resposta dele:

Bom dia, Bruno, obrigado por responder meu e-mail.

Sabe, tenho depressão faz um tempo e as pessoas no geral não entendem o que é sentir isso.

Ainda bem que minha esposa e meu filho mais novo me ajudam bastante.

Eu e minha filha mais velha, do primeiro casamento, temos nossas diferenças e tenho que saber administrar isso.

Além do que, tive duas perdas grandes que me afetaram muito, perdi dois irmãos em menos de cinco anos.

O primeiro, o J. S. V., faleceu em 2005. O B. S. V, o segundo, em 2008.

Pessoas muito importantes em minha vida, apesar de eu ser o irmão mais velho.

O J. S. V. faleceu aos 23, e o B. S. V aos 26. Tenho que administrar tantas coisas. Mas obrigado pelo carinho.

Fique na Paz de Nosso Irmão Maior Jesus Cristo.

J. D. S. (**"Caminhar somente não basta, tem que caminhar aprendendo e vivenciar cada momento como se fosse o último."**)

Agora convidamos todos a refletirem, primeiramente na resposta do e-mail e depois na frase nova que ele mesmo criou. Podemos confirmar que o internauta está completamente focado nas coisas das quais não gosta, nos acontecimentos negativos, nos dramas pessoais, portanto, se ele continuar assim, dificilmente sairá desse ciclo. Veja o conteúdo do e-mail: não estamos ignorando o sentimento e o sofrimento de ninguém, contudo o objetivo desse material é levar força, ação, respostas positivas e a transformação total da sua realidade. E se é esse o nosso foco, que nos perdoem os sentimentos nostálgicos e melancólicos, mas para criar uma nova realidade precisamos abandoná-los! É mais uma vez uma questão de decisão pessoal...

Já na nova frase, percebemos que ele não entendeu o recado, tampouco a essência do conselho. Vamos analisar:

"Caminhar somente não basta, tem que caminhar aprendendo e vivenciar cada momento como se fosse o último."

Mesmo que a carga densa da frase tenha diminuído, ainda não é uma frase perfeitamente adequada a uma pessoa que queira curar-se de depressão.

A frase passa uma noção de compromisso, de vida dura, além de expressar a necessidade de aproveitarmos cada momento como se fosse o último. Grande erro. Somos eternos e podemos ter noção dessa eternidade de nossas almas, da nossa extensão não física, que não se perde com a morte do corpo físico.

Ele poderia fazer uma frase assim:

"Caminhando pelas alegrias da vida, vivenciando com amor e gratidão cada momento!"

E assim encaminhamos o novo e-mail, sugerindo nova troca na frase e que repensasse seu foco.

Alguns meses se passaram e, para nossa alegria, grandiosas mudanças ocorreram na vida daquele homem, que, sem perceber, estava preso a um ciclo vicioso que mantinha a sua realidade sintonizada em situações que provocavam sofrimento.

Simples mudanças fazem toda a diferença, por que tudo flui para o que projetamos, pensamos, sentimos. Dessa forma, vamos nos tornando a essência daquilo que pensamos, sentimos, falamos...

Em nossa profissão, as viagens são constantes. Sempre andamos de uma cidade a outra ministrando cursos, palestras em diversos lugares do Brasil.

Sempre fomos pessoas muito ligadas à Força Divina. Sempre acreditamos no poder da oração. Eu, Bruno, antes das viagens, inevitavelmente me concentrava em uma oração forte, devotada, com toda minha intenção. Nas minhas preces pedia proteção, rezava pedindo a Deus que me protegesse de qualquer acidente, que me privasse de qualquer choque com caminhões...

Repensando essas palavras, chego a rir... Simplesmente pelo fato que no ano de 2006, enquanto dirigia em uma estrada de mão dupla, fui surpreendido por um caminhão que se chocou frontalmente com o meu carro. Quase morri, fiquei preso nas ferragens, com risco de explosão pelo vazamento de combustível no local do acidente. Sofri, senti dor, chorei, mas fui forte, movido pelas bênçãos de que, mesmo tendo uma fratura, arranhões, machucados e alguns cortes, milagrosamente eu estava salvo!

Engraçado...

Consegui a proteção a qual suplicava, e o mais irônico ainda é que resisti justamente a uma colisão com um caminhão, aquele mesmo citado em minhas orações.

Algum tempo passou, analisei os fatos e, pela via da dor e do sofrimento pude definitivamente compreender que somos criadores da nossa realidade, em uma lição dura, difícil, contudo extraordinariamente válida e eficaz! Aconteceu justamente o que eu **não queria**. E o que eu **não queria**? O caminhão, foco central das minhas orações! Veja que a lei natural da atração magnética se manifesta sempre! Realmente fui protegido porque estou vivo e muito bem, mas o caminhão se manifestou em minha vida!

Atualmente, tenho um zelo especial sobre todos os meus pensamentos, porque sei que através das emoções que ele dispara minha sintonia se faz, minha realidade se transforma e cocrio o universo.

Tudo valeu! Tudo sempre vale se olharmos todos os acontecimentos com a consciência expandida e com a noção de que somos eternos responsáveis.

Eu e Patrícia, mais uma vez trabalhando em dupla, preparamos esse material que traz nossa experiência, nossa busca, nossa caminhada, nossa pesquisa, ajustada a uma linguagem objetiva que proporcionará que as pessoas possam colocar na prática do dia a dia esses aprendizados e transformem suas realidades, para níveis cada vez mais elevados, sem mistérios.

Você será rico ou rica de todos os recursos que precisar. Além disso, terá tanta confiança e bem-estar, que naturalmente se tornará mais amável, altruísta e consciente de sua espiritualidade. É um caminho de verdadeiras explosões de bons sentimentos e ascensão em todos os sentidos positivos!

Venha conquistar, ser ou ter o que quiser. Ajuste seu foco na direção da sua felicidade, só depende de você, sim, você mesmo: O Criador da sua Realidade!

Você tem metas? Pois é bom que tenha!

Se você não tem metas, sua vida já era...

Não temos mais como negar que atraímos para nossa vida aquilo que experimentamos internamente através dos sentimentos e pensamentos, que nos conferem um padrão vibratório (elevado ou não). Essa sintonia determina o universo de acontecimentos posteriores. Todas as situações que aproximamos de nossas vidas surgem em consequência desse mecanismo.

O acomodado está vibrando na frequência (estado de espírito) do comodismo, logo irá aproximar para sua experiência de vida situações que o mantenham sempre no mesmo padrão comodista. O triste e magoado, da mesma forma. O doente, também... O saudável e rico, igualmente.

Ser criador da sua realidade é pensar e sentir. E se você pode pensar e sentir, logo poderá ser responsável pela sua vida e seus rumos. Os sentimentos são o leme, o pensamento é o motor!

Em que você está pensando agora? Como está se sentindo neste momento? O que está almejando? Quais são seus sonhos? Para onde você está navegando, para qual direção? Estamos sempre navegando (porque estamos vivos nessa experiência física), mas para qual direção?

Você escolhe...

Sim, sempre é você, sempre somos nós, os eternos responsáveis. Isso é livre-arbítrio, a bênção de sermos os criadores de nossa realidade.

E se você não tem metas, o que acontece? E se você não sonha mais com nada? Não se permite imaginar nada além do que pode ver na experiência atual?

O que acontece é que você determina a sua sentença: sua estagnação! Quando ocorre, a pessoa começa a morrer por dentro, e o pior: na maioria das vezes ela nem percebe, até que seja tarde demais.

Muitas pessoas nos cursos de formação que ministramos sempre dizem: *"Eu não tenho metas, eu não penso nisso, o que Deus me der está bom..."*

É muito desconcertante ouvir tais comentários, simplesmente porque Deus entregou em nossas mãos essa capacidade de decidir, e assim sendo, não podemos devolver a responsabilidade daquilo que ganhamos.

Não ter metas é o mesmo que não querer evoluir. É o mesmo que não querer existir. É suicídio em gotas...

Estamos nos referindo às metas que vêm da alma, que trazem alegria de viver pelo simples fato de pensar nelas sendo realizadas. Metas superficiais ou fúteis não sobrevivem ao tempo.

As pessoas não possuem metas por medo de serem felizes, das mudanças, de terem que agir e não saber o que vão encontrar. Outras têm preguiça ou estão viciadas em seus modos de viver estagnados. Tantas outras decidem ter metas muito tarde, quando as doenças já se manifestaram.

Tenha metas sem medo. Questões pessoais, profissionais, materiais, afetivas, familiares, não importa, escolha o que quiser. Tudo vale desde que as metas estejam sempre alinhadas com o seu coração, o seu propósito maior e a sua identidade.

Não permita que os traumas do passado, as crenças e as histórias tristes drenem a sua capacidade de sonhar, porque no instante em que isso acontece você já começa a abreviar a sua vida. Como sempre, você começa a criar uma realidade mais difícil e dolorida...

Vamos, pense: o que você gostaria de ter ou ser? Onde queria estar?

Como você quer a sua vida de agora em diante?

Seria bom ter bastante saúde, não é mesmo?

Seria bom ter saúde, paz e prosperidade, não é mesmo?

Seria bom uma conta bancária recheada, uma família feliz, uma vida harmoniosa com o relacionamento amoroso dos seus sonhos, não é mesmo?

Seria bom viajar periodicamente para lindos locais, descansar em um belo hotel à beira-mar, relaxar em uma casa de campo, não é mesmo?

Seria bom ter o reconhecimento profissional que você sempre sonhou, não é mesmo?

Seria bom ter seu carro, sua casa, seus bens materiais e liberdade financeira, não é mesmo?

Ah, como seria bom... Ah como é bom... Ah! Podemos imaginar... Conseguimos sentir como se já tivéssemos conquistado todos esses itens acima...

E você, consegue imaginar isso tudo para sua vida?

Permita-se, é uma experiência transformadora, com a mais perfeita alquimia. É justamente neste ponto que muitos tropeçam, porque não conseguem entender o "**como**". Como alguém que ganha salário mínimo pode pensar em ter uma lancha e uma casa na praia se nem dinheiro para o ônibus tem?

Como podem pensar em férias, conta bancária abundante, se nem saúde têm?

Como podem pensar em relacionamento perfeito se nem se amam ou se aceitam?

Como? Isso não importa... As leis universais funcionam, queira você ou não, acredite ou não!

Você se torna a essência daquilo que pensa e sente predominantemente. Então o segredo é pensar o maior tempo possível em como gostaria que sua vida fosse. Assim toda a energia de sua vida estará alimentando uma nova realidade que você decidiu criar.

Não tenha preguiça, faça a sua parte e daqui a uma hora você já sentirá os acontecimentos à sua volta mudarem para melhor. E quando você conseguir sustentar na sua mente o máximo do tempo de seus dias, as imagens das suas metas se realizando, você mudará a sua vida tão drasticamente que as pessoas ao seu redor desejarão conhecer o segredo do seu sucesso e você terá o imenso prazer em dizer: é simples, tenha metas, acredite, sinta, imagine elas se realizando.

Assim você terá calibrado o seu foco para se tornar um grande realizador, você assumirá com maturidade a capacidade que lhe foi dada desde sempre: de ser o criador consciente da sua realidade!

Vamos Agir?

Algumas dicas para fazer agora, já!!!

- Pense em pelo menos três sonhos esquecidos da sua vida. Você até pode voltar aos pensamentos que tinha na infância, de desejos da época.

- Respire fundo, feche os olhos, relaxe os sentidos. Mentalize aquele sonho realizado. Procure imaginar como seria, que sentimento você teria com essa meta alcançada.

- O seu maior desafio é conseguir atingir internamente o mesmo nível de satisfação que sentirá no dia em que sua meta materializar-se em sua vida.

- Faça esse exercício para esses três sonhos ou metas, sejam da infância, sejam de agora, não importa, sonhar é livre.

- Perceba as visualizações que lhe fizeram sentir-se melhor e as memorize. Daqui pra frente, sempre reserve um tempo para entrar nessa meta várias vezes ao dia. O que você está sentindo pela força da imaginação logo se tornará realidade em sua vida.

Importante:

- Elimine qualquer sentimento de resistência do tipo que não acredita se isso funcionará, que é besteira perder seu tempo ou que está fazendo papel de ridículo com as mentalizações. Perguntamos: O que você quer realmente da sua vida? Achamos que quer ser feliz, próspero, saudável, não é mesmo?

- Então, tente, é o mínimo que você tem a fazer, e não custa nada!

Todo mundo tem história triste para contar... E daí? Supere!!!

Todos, efetivamente, todos nós temos histórias tristes para contar... Torna-se vencedor, feliz e próspero aquele que aprende com as adversidades e corrige sua vibração para manifestar abundância e paz.

Não existe sequer um ser humano que não tenha uma história de vida recheada de situações difíceis, desilusões, crises, perdas e sofrimentos. Não é nada difícil entrevistar dez pessoas e todas elas apresentarem listas intermináveis de situações traumáticas.

O que transforma as pessoas é a importância que elas dão para os fatos traumáticos e os aprendizados que elas extraem de cada situação.

O vencedor, ou seja, o indivíduo de sucesso, abundância e prosperidade já descobriu o segredo dessas conquistas, o ingrediente ideal para manifestar o que deseja. Todas as pessoas saudáveis, mesmo que de forma inconsciente, já assimilaram esse estilo de ser e pensar.

Não há como negar que o sofrimento sempre vem em reação à vibração em que você se encontra. Quando ele ocorre ciclicamente significa que você continua na sintonia errada.

O sofredor convicto é alguém que, mesmo sem perceber, está viciado nessa frequência de acontecimentos negativos. Por sua vez, o vencedor é aquele que, assim que observa uma manifestação negativa em sua vida, faz mudanças e ajusta o foco, porque identifica que sua conduta em algum momento foi inadequada, o que, por equívocos, acabou aproximando para sua experiência situações ruins. Ele sabe de sua responsabilidade.

Veja o sofredor: é uma vítima. O governo foi o culpado pelo seu infortúnio, o chefe não reconhece suas habilidades, a esposa não o ama como ele merece, seus vizinhos não são agradáveis como ele queria, seu corpo não é saudável como ele sonhara, a cidade onde mora não é nem "de longe" parecida com a que ele gostaria.

Vemos todos os dias pessoas como essas, reclamando, questionando, pensando nos erros. Pessoas frustradas com suas vidas e que insistem em se questionar mentalmente:

– O que eu estou fazendo de errado? O que eu estou fazendo de errado? O que eu estou fazendo de errado? O que eu estou fazendo de errado? O que eu estou fazendo de errado? O que eu estou fazendo de errado? O que eu estou fazendo de errado? O que eu estou fazendo de errado? O que eu estou fazendo de errado?

O que está fazendo de errado?

Ainda pergunta! É isso que está fazendo de errado...

Esse autoquestionamento sem nexo. Essa dedicação intensa a tudo o que a pessoa não quer. É isso que faz de errado...

Sua lição de casa poderia ser: imaginar-se constantemente feliz, próspero, com a casa dos seus sonhos, na cidade desejada. A pessoa poderia mergulhar na sua visão de vida ideal. Poderia imaginar-se em um corpo saudável, em uma vida leve, próspera, abundante e feliz. Ela poderia sentir essa vibração, transmutando por completo a antiga sintonia da vitimização e da lamentação. Mas não, ela escolhe concentrar-se nos desgostos, e, por consequência, alimenta mais essas ocorrências.

É claro que o sofredor tem motivos reais, contudo manter esse sofrimento na sua alma é uma decisão dele. Você pode estar nos chamando de insensíveis, corações de pedra ou algo parecido. Pois não somos! E lhe afirmamos: se você pensa assim, está sintonizado na mágoa, e vai atrair mais e mais situações que lhe provoquem tal sentimento.

Conscientize-se definitivamente: não somos nós, nem qualquer pessoa ou situação externa que o magoam, porque a mágoa é sua própria vibração. Assim sendo, você está ciclicamente atraindo situações de mágoa (ou qualquer outro sentimento) para sua vida. O que estamos querendo é justamente que você saia desse círculo vicioso, torne-se forte emocionalmente e deixe a lamentação de lado.

Sim, sabemos que você deve estar pensando: "Não é simples assim, porque eu perdi meu filho em um acidente". Ou "perdi minha mãe e meu pai no mesmo dia". Ou também pode ter acontecido a maior das desgraças em sua vida, que daria o filme mais triste do ano... Sim, tudo isso é possível, tudo isso é muito doloroso! Mas lhe perguntamos: Você quer mais sofrimento para sua vida ainda? Quer mais escassez ainda? Quer mais conflitos ainda? Quer mais relacionamentos superficiais ainda? Quer mais falta de confiança ainda? Quer mais falta de energia ainda? Quer ficar sentindo-se mais abandonado e rejeitado ainda? Quer ficar dizendo todas as desgraças da sua vida, competindo para provar que suas tristezas são maiores que as de todo o mundo? Achamos que não!

Nessa competição de quem está numa situação pior não há nenhum bom prêmio para o primeiro lugar. A única corrida da qual devemos participar nesse sentido é a de querer ser uma pessoa melhor a cada dia, através de um saudável movimento interno de querer melhorar-se a cada dia.

Liberte-se, pare de se lamentar, pare de chorar, pare de "alugar" os ouvidos alheios com suas reclamações... Pare de cansar seu anjo da guarda com tanta ingratidão... Deixe de ser cego para as verdades divinas e faça sua parte... Pare de transferir sua responsabilidade, já chega, não tem mais desculpas!

Se você quer ser triste, chateado, depressivo, afundado em dívidas, que seja! Mas tenha consciência de que a responsabilidade é só sua e de mais ninguém.

Vai discordar de tudo isso? Parar de ler esse livro? Tudo bem, mas pense bem se você realmente quer continuar nessa e rejeitar tudo que leu, ou se quer morder o orgulho, assumir seus papéis e manifestar uma realidade de vida exemplar para todo mundo!!!

Está com você!

Da nossa parte, colocamos todo o nosso desejo de que você dê um salto de qualidade na sua vida!

Vamos em frente, continue, os resultados logo vão surgir e você se renderá a tantas coisas boas... A nossa dica: vale muito a pena tentar!

Vamos agir?

Algumas dicas para fazer agora, já!

- Nunca, jamais fique contando suas histórias tristes para ninguém. Também aprenda a eliminar por completo as conversas sobre assuntos de dor, sofrimento, tristeza. Sim, todos esses problemas existem, mas para que alimentá-los mais?

- As conversas negativas ou lamentações das pessoas à sua volta também podem prejudicá-lo. Aprenda a se esquivar sutilmente dessas situações. Você perceberá que é mais fácil que imagina, porque na maioria das vezes era você mesmo quem alimentava essas conversas densas.

Importante:

- Se você fizer bem feita a sua parte, muito em breve sentirá uma grande mudança positiva na sua realidade de vida.

A busca por segurança e o medo de agir

Quantos de nós temos ideias brilhantes, *insights* lindos e vibrantes, mas na hora de colocar em prática acabamos vacilando? O medo de mudar, o comodismo e a estagnação nas conhecidas zonas de conforto são nossos maiores inimigos.

É triste perceber que sonhamos com uma vida melhor, praticamos técnicas de criação de novas realidades, mas quando as oportunidades surgem ficamos praticamente congelados pelos medos, e não damos o pontapé inicial para manifestar as novidades.

Um criador consciente, após conhecer o funcionamento da lei da atração magnética, precisa ter confiança e fazer a sua parte. Se ele vibra no medo, então atrai mais medo.

Escutamos as pessoas dizerem: "Não é medo de nada, apenas queremos ter certeza de que as atitudes serão corretas, queremos ter segurança". Ah, sim! Todos queremos ter segurança em tudo que fazemos, certo? Pois bem, é aí que mora o problema. Quem quer segurança é porque se sente inseguro e vibrando no medo, permanece na estagnação, que atrai mais estagnação e assim por diante. Quando precisamos de segurança, nos tornamos controladores e preocupados, em alguns casos até neuróticos, e o fato mais assustador é que a grande maioria das situações não pode ser controlada.

Muitos de nós vivemos uma vida de estagnação e conforto, e ainda assim não podemos dizer que se tratam de vidas fracassadas, pois podem ser consideradas realidades nota seis. Mas se você quiser ter uma vida de sonhos, uma vida maravilhosa, abundante, próspera, cheia de felicidade e conquistas, com certeza não é o tipo de vibração que você deve almejar. O universo foi criado através de uma dança movimentada de partículas e tudo continua em um movimento harmonioso até os dias de hoje. Quando permanecemos estagnados, desconectamo-nos do poder das forças naturais da criação.

Você pode planejar seus atos, estudar os seus movimentos e até se prevenir em questões diversas, mas não pode deixar de agir, independente da sensação de desconforto que você sentir, esse é um detalhe muito importante.

A maioria das pessoas passa suas vidas buscando situações confortáveis, gastando muita energia para manter essas condições "seguras". E por quê? Porque são pessoas inseguras, controladoras, medrosas em suas vibrações! Não amam, não se entregam, são desconfiadas...

Não se preocupe se nesse instante você se identificou com esse perfil, faz parte! Quase todos nós somos assim. Mas vai um conselho: prepare-se, organize-se para suas metas, e quando as oportunidades surgirem, aja! Mesmo que exista um certo desconforto, aja! Ficar parado é criar resistência à força de criação mental que você pratica todos os dias. É como acender uma fogueira e depois jogar água. Decida-se! Você quer manter o fogo aceso ou apagado? A escolha é sempre sua!

Reconheça se o seu comportamento é baseado na necessidade de sentir segurança o tempo todo. Acredite: você identificará muitas atitudes baseadas no medo, e que, sem perceber, mantém um padrão de conduta focado na busca por segurança.

Quanto mais você encontrar comportamentos ligados à necessidade de ter segurança, maior será a sua chance de repensar a sua vida, mudar sua vibração e modificar sua realidade. Entenda que é uma característica do ser humano buscar proteção, é um instinto! Mesmo assim, você não poderá deixá-lo influenciar tanto a sua vida. Pode apostar que todas as pessoas de grande sucesso nesse mundo aprenderam a agir na direção de seus objetivos, compreendendo a necessidade de controlar o medo e agir, jamais estagnar!

Vamos agir?

Algumas dicas para fazer agora, já!

- Avalie que possivelmente seu emprego, sua vida, a cidade que você escolheu para morar, a sua formação profissional, bem como a educação que você teve ou deu para seus filhos, receberam grande influência do medo. Dessa forma há sempre uma tendência comportamental baseada na necessidade de encontrar segurança. Comece a repensar a sua história, identificando o que realmente você gostaria de ser, ter ou fazer, comparando com o que você atualmente é, tem ou faz.

- Nessa comparação, a diferença entre o que você é hoje e o que gostaria de ser pode ter certeza que está ocupada pela necessidade de ter segurança em tudo, em outras palavras, o medo é o que impede você de ter a vida dos seus sonhos.

Importante:

- Para vencer ou aprender a lidar com o medo você precisará ter atitude, iniciativa e se reinventar a cada dia. Faça terapia, busque ajuda externa, cursos, seminários, leia muito e não se acomode! Movimente-se!

Concepções básicas

CAPÍTULO 2

"A gravidade explica os movimentos dos planetas, mas não pode explicar quem colocou os planetas em movimento. A maravilhosa disposição e harmonia do universo só pode ter tido origem segundo o plano de um Ser que tudo sabe e tudo pode. É a minha última e mais elevada descoberta." Isaac Newton

A LEI QUE CONSTRUIU O UNIVERSO

Desde as mais remotas civilizações, dos mais antigos pesquisadores, o homem sempre procurou conhecer o quinto elemento, o éter. Também recebeu diversos nomes diferentes de acordo com as civilizações do mundo, como Ki, Chi, Prana, Quinta Essência, entre tantos outros.

Estamos falando da energia cósmica, a força vital que é o princípio da vida no universo.

O objetivo deste trabalho não é entrar em um detalhamento científico profundo, mas apenas oferecer informações suficientes para que você compreenda que manipulamos essa força o tempo todo e, conscientes ou não, estamos a todo momento exercendo influência sobre a forma com que essa energia se manifesta e se propaga.

Você já pensou qual é a força que mantém os planetas, os sóis e as estrelas arranjados e distanciados da forma em que estão? Você já parou para refletir sobre o que mantém o arranjo geométrico de cada molécula, de qualquer substância química?

A resposta é simples: a energia cósmica.

Observe que não é novidade para ninguém um fato: neste universo tudo é matéria ou energia. Porém, quando estudamos a fundo uma amostra de matéria, como, por exemplo, uma cadeira, percebemos, que na estrutura do material que formou o artefato encontramos moléculas, que por sua vez são constituídas de átomos. Estes são formados por elétrons, partículas em constante movimento. Portanto, o que temos como matéria na sua concepção básica trata-se de energia arranjada em diferentes formas.

A energia cósmica permeia todos os espaços vazios, sustentando o arranjo de cada estrutura. Sim, tudo é energia!

Até aqui temos uma definição básica bem conhecida. A partir daqui podemos reconhecer nitidamente que nossos pensamentos têm a capacidade de influenciar a matéria.

Muitos fenômenos que ocorrem em nosso dia a dia acontecem em decorrência de estímulos provocados sobre a energia cósmica.

Quando provocamos alterações na vibração da matéria, podemos reconhecer os seguintes acontecimentos: ao tocar a corda de um violão, sua oscilação provocará um movimento em determinada frequência, e em consequência surgirá o som. Neste caso o som é uma variação da vibração da energia cósmica.

Aumentando o estímulo da vibração em um material como uma barra de ferro, por exemplo, obteremos o calor.

Gerando um estímulo de maior frequência ainda, em um filamento metálico, por exemplo, obteremos a luz.

Essas são apenas algumas formas de demonstrar diferentes manifestações dessa energia que constrói continuamente o universo.

E qual a relação dessa energia com a capacidade de criar nossa realidade?

Ocorre que um estímulo de maior frequência que a vibração da luz pode ser promovido pelo pensamento focado, concentrado.

Todo pensamento, quando bem definido, poderá oferecer uma vibração própria, com base na natureza de seus elementos. Na prática: o seu pensamento produz uma vibração que influencia diretamente a energia cósmica. Assim como a corda de um violão produz um som, seus pensamentos produzem uma vibração.

Toda matéria ou energia sentirá a influência de seus pensamentos. A partir disso, todos os pensamentos podem aproximar ou distanciar energias de mesmo padrão, pelo princípio da atração magnética. Segundo alguns pesquisadores, é essa a força magnética que aproximou dois átomos de hidrogênio, para darem início à formação física do mundo ao qual conhecemos.

Portanto, entenda que a energia emitida por seus pensamentos pode alterar o estado natural de tudo, seja matéria ou energia. Depois disso, tanto matéria como energia continuarão a atrair magneticamente mais elementos de mesma vibração. Tudo no universo está interligado.

Esse é o começo de tudo, a fonte na qual se apoia toda a teoria acerca da força do pensamento positivo. Se ele pode alterar a energia cósmica que sustenta a vida no universo, obviamente poderá influenciar a ordem de qualquer matéria, independente de distância, tempo ou direção, porque é a força da vida que está em tudo e age sobre todos.

Conhecendo essa lei natural e usando-a com discernimento e disciplina, podemos curar doenças, aproximar novidades, criar bem-aventurança, paz, harmonia, prosperidade e cultivar o amor, a mais sublime das variações da energia cósmica.

Com essa noção, resta-nos aprender a criar pensamentos que despertem emoções intensas na direção de nossas metas. Essa energia gerada formará um padrão vibratório específico, como um campo de força ao seu redor. Pela ação dessa força de atração magnética, esse campo de energia (criado por você) passará a atrair elementos, materiais ou imateriais, físicos ou extrafísicos, de mesma frequência.

Daí a importância de quando você quiser algo para sua vida, que você feche os olhos e procure imaginar como seria se seu desejo já tivesse sido realizado. Para criar a realidade que deseja, inicialmente você precisará moldá-la em sua mente, em seus sentimentos. Quando conseguir sentir a sensação dos objetivos alcançados, mesmo que fisicamente ainda não esteja em suas mãos, você já terá dado início a sua criação consciente. Essa é a chave de tudo!

As leis universais

O universo desenvolve-se, movimenta-se e vive graças à ação de muitas leis naturais, como, por exemplo: a lei da gravidade, a lei da relatividade, as leis da termodinâmica e tantas outras já conhecidas da ciência. Contudo, existem leis ainda não codificadas por completo pela ciência clássica, que são leis claras, bem definidas, responsáveis pela criação do universo e manutenção do equilíbrio da vida.

Algumas delas: Lei do Karma, Lei da Evolução Constante e Lei da Atração Magnética. Nosso foco nesse material será na Lei da Atração Magnética.

A lei da atração magnética

A Lei da Atração diz: semelhante atrai semelhante.

Também pode ser explicado como: você manifesta a essência de seus pensamentos e sentimentos.

A Lei da Atração é uma lei que inegavelmente existe. Não é porque não podemos vê-la, que não podemos acreditar. Não importa se você saiba ou não da sua existência, de uma maneira ou de outra ela estará agindo em sua vida.

Não é porque não a conhece direito que não poderá usufruir das suas propriedades maravilhosas.

A Lei da Atração diz que você manifesta a essência daquilo em que está pensando. Quando você compreende a natureza vibrátil dos seus pensamentos e a maneira como a Lei responde a eles, você pode criar a sua realidade. Além disso, vem a noção de que tudo que existe à sua volta foi você quem atraiu, mesmo inconscientemente. Todos os acontecimentos de sua vida vêm em resposta ao foco dos seus pensamentos e, por isso, é preciso entender a natureza energética (vibrátil) deles. A partir disso, você deverá buscar o controle intencional sobre a natureza desses pensamentos, o que poderá transformar substancialmente a sua vida, de acordo com sua vontade.

Como atingir metas, conquistar objetivos, realizar desejos?

É simples: aprendendo a usar adequadamente a lei da atração magnética!

Quando nos conscientizamos do poder criador que temos, passamos a perceber o quanto somos abundantes e ilimitados. À medida que vamos rompendo nossos paradigmas densos, rumando em direção aos nossos objetivos, vamos cocriando uma nova forma de ver e sentir o universo, dando-nos conta de que temos o poder de ajudar em sua expansão. Assim sendo, de forma definitiva, podemos compreender que não somos vítimas de nada, que não existem vilões, não existem culpados, e que toda experiência que nos ocorre, seja boa ou ruim, é consequência de nossa vibração, produzida pelas emoções disparadas de nossa forma de ver o mundo.

A EVOLUÇÃO ESPIRITUAL E A LEI DA ATRAÇÃO MAGNÉTICA

Se a essência daquilo em que você está pensando se manifesta em sua vida, e se você é uma pessoa pessimista, então você está se intoxicando a cada dia em que vive dessa forma.

Para criar uma nova realidade, você precisará mudar seu pensamento e aprender a equilibrar suas emoções densas. É nesse ponto que a Evolução Espiritual acontece: no momento em que buscamos incessantemente meios e caminhos para evoluir em nossa consciência. Quando equilibramos nossos sentidos, aprendemos também a transformar naturalmente nossa realidade de vida, porque a essência de nossos pensamentos teve uma elevação em sua natureza, e dessa forma os acontecimentos que se manifestam acompanham essa vibração.

O MECANISMO BASE DA CRIAÇÃO

1. PEDIR

Pedir é o mesmo que pensar. Quando você pensa em algo, você produz emoções que por sua vez geram vibrações específicas. Essas vibrações vão aproximar elementos de mesmo padrão, portanto pensar é o mesmo que pedir. Se está pensando está pedindo. Mesmo que você não esteja pensando conscientemente, você estará pedindo.

Começa aqui um grande desafio, o de perceber a necessidade de vigiar os pensamentos. Pois todos os nossos pensamentos negativos atraem para nossa realidade acontecimentos negativos.

Quando começamos a fazer pedidos conscientes do que queremos, nossa força de criação aumenta.

Por isso peça o que quiser. Não tenha medo de pedir. Não existe não pedir... O pensamento de não querer nada já é uma vibração que atrairá mais elementos de mesma frequência.

Vamos agir?

Algumas dicas para fazer agora, já!!!

- Você pode ter muitas metas, o tempo todo. Ter muitas metas positivas, cheias de alegria, sonhos, projeções, é uma forma de autoproteção, pois lhe manterá sintonizado com vibrações diferentes da dor, doença, escassez, crises, conflitos, tristezas. Não ter metas é o mesmo que pedir a estagnação.

- Não confunda "não pedir" com gratidão. Uma coisa nada tem a ver com a outra.

- Pedir é pensar, dessa forma vigie seus pensamentos, porque, se eles forem destrutivos, você construirá uma realidade de vida destrutiva também, tal e qual seus pensamentos. O pessimista morre mais cedo!

Importante:

- Não existe um Deus que olha para baixo e diz: "Eu já dei muita coisa para aquele ali, agora já chega, ele vai ter que esperar"! A Fonte é infinita. Lembre-se que quando sua vida está escassa é porque você pediu também (pensamentos de escassez foram emitidos);

2. Acreditar

Não precisamos acreditar para acreditar. Essa frase parece estranha, não é mesmo? Vamos explicá-la melhor.

Quando pensamos em algo estamos emitindo um sinal, portanto efetuando uma sintonia que gerará futuras atrações de mesma natureza, como vimos até agora.

Acreditar é sentir! Quando pensamos em algo, quando visualizamos ou imaginamos, geramos sentimentos. São esses sentimentos os propulsores de energia. Portanto, você não precisa necessariamente acreditar para que essa etapa se cumpra, basta que você sinta.

Quando você sente medo de ser demitido e no decorrer dos anos essa situação lhe bate à porta, podemos dizer que você acreditou que podia ser demitido e por isso foi.

Quando você pedir algo, após a definição do seu desejo, expresse o sentimento de como seria se você já tivesse conquistado. Quando você age assim você produz ao seu redor um campo de força de mesmo padrão ao da conquista que deseja. Quanto mais você mantém a crença e o sentimento coerente nela, mais forte fica seu campo de força, aumentando ainda mais o seu poder de atrair seus objetivos. Basta que você sinta algo e já estará aproximando esse algo, mesmo que em sua consciência você seja cético ao fato. Basta sentir! Se você sente, você acredita. Se você sente medo do ladrão, então aproxima-o. Sente que pode ser promovido, então pode ser mesmo, e por aí vamos, sentindo e aproximando, sentindo e atraindo.

Vamos agir?

Algumas dicas para fazer agora, já!!!

- O mecanismo funciona para qualquer pessoa. Todos nós

temos o sistema emocional como um guia que diz a direção para a qual nosso fluxo de energia está sendo conduzido. O seu trabalho é ter certeza de que suas emoções e seus pensamentos estão alinhados.

- Sempre que você obtiver um sentimento ruim em decorrência de um pedido feito, isso pode mostrar que sua alma ainda não quer ou não está pronta para conquistar tal objetivo. Medite sobre o assunto, deixe passar alguns dias, e certamente você encontrará os motivos reais que geram o sentimento ruim. Até que a sensação negativa não seja trocada, ajuste a sua meta ou espere um pouco, assim você vai se conhecendo melhor e mantém seu nível de harmonia e paz sempre em alta.

IMPORTANTE:

- Grande parte das pessoas que não conseguem realizar objetivos é porque pensam de um jeito e sentem de outro. Exemplo: a pessoa quer um carro novo, contudo no seu íntimo ela não acredita que pode. Nesse caso acreditar é sentir. Se ela pede algo (pensa em algo) mas não acredita, então as forças não estão se somando, estão se anulando e o objetivo não se manifestará.

3. RECEBER

Receber é estar aberto, não trancar, não impedir. Parece o mais simples, mas não é, isso porque suas crenças podem boicotá-lo.

Quando você pede algo (pensa), para que esse algo se manifeste como realidade de sua vida você precisa acreditar. Lembre-se: acreditar é sentir.

Sempre que essas duas etapas forem bem definidas e mantidas, tenha certeza de que o campo de força projetado por você para o universo está sintonizando a energia cósmica para que ela, por sua vez, possa atrair mais situações de mesma frequência. Um bom exemplo para elucidar essa questão: quando você liga o rádio e quer ouvir uma determinada estação, você sintoniza na frequência específica da emissora. Pois é esse exatamente o seu trabalho, manter a sintonia certa e o rádio ligado. Desta forma você receberá a transmissão do sinal de rádio para ouvir as músicas que ela toca. Isso é receber!

Mantenha a sua sintonia e faça de tudo para elevar o volume da música, que na prática significa ter ideias e ações que aproximem você o máximo possível da sua meta.

Exemplos:

- Faça um *"test drive"* com o carro dos seus sonhos, não importa se ainda nem imagina como conseguirá o dinheiro. Faça o máximo para sentir a sensação de como seria sentar-se no banco do carro, sentir o cheiro dele, a posição de dirigir.

- Use a técnica do quadro de visualizações. Encontre uma foto do carro que você deseja e coloque no quadro. Todos os dias, olhe para a foto e se imagine dirigindo o carro, viajando com ele, curtindo-o com todo empenho.

- O mesmo vale para um objetivo de cura: imagine-se saudável, feliz e de bem com a vida. Utilize essa prática com qualquer coisa ou situação que você queira. Em outras palavras, tudo o que você pode fazer é se esforçar para manter o sinal perfeito!

Vamos agir?

Algumas dicas para fazer agora, já!!!

- Nesse momento, todo sentimento negativo que você mantém é completamente nocivo, pois não está na mesma direção do seu pensamento, o que anulará as forças de atração da meta. Jamais pense em como você faria para a meta se manifestar, apenas relaxe e faça de tudo para sustentar a sensação, na sua mente e no plano das emoções, onde o pedido já está realizado. É uma viagem interna. Quando você pegar o jeito, jamais vai querer parar!

- Após definir a sua meta e acreditar, procure ficar atento aos sinais. Nesse caso tenha um caderno de anotações e nele descreva quais novidades surgiram em sua vida desde então. Anote todas as situações, coisas e pessoas que foram atraídas para sua experiência e procure identificar ligações com a sua meta. Passando alguns dias, quando você analisar suas anotações, perceberá uma sequência de situações afins que lhe parecerão até "mágica", mas não são, é apenas você tendo consciência da sua capacidade criadora e ilimitada!

IMPORTANTE:

- Você vai precisar travar um grande duelo com o seu ser racional para manter o rádio sempre sintonizado na frequência que você quer. Requer disciplina e dedicação. Faça todas as práticas que você aprender neste livro, seja aplicado e os resultados serão evidentes. Lembre-se que sua mente racional quer sempre saber o "como". Mas isso não lhe será revelado imediatamente, você irá descobrir aos poucos.

- Quando você pede e acredita, aí é a hora certa de receber. Todavia, muitas vezes o receber envolve ações. Fique atento a todas as novidades que o universo lhe trará depois que você estiver alinhado. Quanto mais você agir no sentido da sua meta, mais você aumentará seu poder de atração, o que agiliza as manifestações.

- Nessa etapa surgem ideias, planos, projetos. Se o sentimento decorrente dessas inspirações estiverem lhe proporcionando uma sensação agradável, cheia de vida, no sentido da sua meta, é porque o universo já está lhe dando sinais e trazendo para você a resposta em relação à essência dos seus pensamentos e sentimentos. Muitos se perdem nesse momento porque ignoram esses sinais. Fique alerta, abra sua percepção e não desperdice oportunidades. É uma fase das mais empolgantes na criação da sua nova realidade. Receber é agir e aproveitar cada momento!

Comece a criar a sua nova realidade

Agora que você já conhece mais a fundo o mecanismo básico responsável pela criação de realidades e atração de acontecimentos, situações, pessoas ou coisas em sua vida, comece a fazer a sua parte: **peça, acredite e receba**.

Não espere as últimas páginas deste livro, comece agora mesmo. Mentalize os seus sonhos se realizando. Faça essa visualização, gere os sentimentos relacionados à conquista das suas metas. Acredite firmemente no seu poder de criador, que nesse exato momento você está construindo um futuro muito melhor, mais vibrante e próspero.

Vamos agir?

Uma dica para fazer agora, já!!!

- Anote todos os sonhos que você tem. Escrava as principais metas que surgem em sua mente enquanto lê este livro. Mantenha suas anotações sempre por perto. Permita que seus objetivos fiquem bem definidos em sua mente. Já será um grande passo. É muito provável que antes mesmo de você terminar de ler este livro algumas novidades já se manifestem em sua vida, se você levar a sério essa dica.

O UNIVERSO É ENERGIA

Capítulo 3

"Há uma divindade que protege nossos objetivos, traçando-os como os desejamos..."
W. Shakespeare, Hamlet, Ato V, cena II

Definições:

- Matéria é energia condensada. Energia é matéria dispersa;

- Tudo o que hoje existe e está materializado, um dia não passava de uma ideia na mente de alguém, fôssemos nós seres humanos ou Deus, o grande Criador;

- Deus se expande através das nossas ideias e pensamentos, logo temos a capacidade de sermos cocriadores do universo;

- Tudo que fazemos ou criamos gera consequências. Criações sintonizadas com a Vontade da Mente Divina = Consequências positivas (karma bom);

- Tudo o que fazemos ou criamos de forma alienada e contrariando a vontade da Mente Divina = Consequências negativas (karma ruim);

- Nossa mente gera o pensamento que por consequência dispara uma emoção. Essa emoção é um bloco de energia criado e lançado para o universo;

- Semelhante atrai semelhante;

- Tudo o que produzimos tem um padrão vibrátil, que por ressonância atrairá mais dessa energia de mesmo padrão;

- "Orai e vigiai" nessa ótica tem sua significância comprovada cientificamente, pois, ao produzirmos energias negativas oriundas de nossas emoções inferiores, poderemos entrar em um ciclo vicioso de atração de problemas, pela simples ressonância com essa vibração de igual teor. Ao praticarmos a reflexão constante de nossos atos, estaremos eliminando as chances de cairmos nesse erro tão comum.

A ESCALA DAS VIBRAÇÕES: QUAL É O SEU PODER DE ATRAÇÃO?

Cada sentimento emitido, cada sensação, manifesta um tipo de energia em cada um de nós, um padrão vibrátil. Do amor ao ódio construímos a amplitude dessa escala. Tudo o que pensamos ou sentimos produz uma energia, que se estabelece em um ponto dentro dessa escala de acordo com a frequência gerada.

Quando mantemos um tipo de sentimento, construímos um nível energético que se estabiliza no ponto específico da escala das vibrações. Nesse instante disparamos o processo criador do universo. Seja bom, neutro, ou ruim, nesse *"momentumm"* começamos a atrair para nós forças, acontecimentos, energias, semelhantes ao padrão oferecido.

E a Lei da Atração magnética não falha. Da mesma forma que se você soltar um tijolo da altura de um metro sobre o chão, ao cair ele irá se quebrar, quando você persistir por algum tempo no "sentir" de uma vibração específica, seja ela qual for (mágoa, alegria), atrairá mais forças de mesmo padrão em um processo que se realimenta continuamente.

"Quando você se concentrar em algo, sempre aproximará seu ponto de atração para esse pensamento, aumentando a força dessa criação. Por isso, se você não quer que algo aconteça, simplesmente não pense nisso!"

Nossos pensamentos geram emoções. Cada emoção existe em um nível vibrátil. A repetição do padrão emocional dispara no universo uma força que manifesta e atrai para si a essência desse padrão.

Tudo que precisamos saber para aprender a dominar nossas mentes e criar nossos pensamentos condizentes com a natureza daquilo que queremos atrair para nós mesmos é onde estamos nessa escala. No final deste capítulo você encontrará uma tabela com exemplos de escala de frequência dos sentimentos.

ONDE ESTÁ O MEU PONTO DE ATRAÇÃO?

Está é uma pergunta muito importante que devemos nos fazer todos os dias.

Seu ponto de atração está no ponto onde está situada a vibração da essência dos sentimentos que você produz. Para determinar de forma mais precisa, analise o que você mais sente durante o dia: desde que acorda até a hora de dormir. Procure perceber quais sentimentos citados na tabela são mais frequentes. Esse ponto é a resultante de seu estado de espírito.

Esse estado energético pode alterar de dia para dia, de momento para momento, e no final de um dia, sempre temos uma resultante, que é o ponto da escala no qual mais nos estabilizamos. É nesse momento que você poderá se surpreender e perceber que seu ponto de atração está muito baixo.

O nome ponto de atração se dá exatamente pelo fato de que a resultante vibrátil provocada pelas suas emoções e sentimentos atrairá mais energias de mesmo padrão, assim é a lei.

Portanto, estamos o tempo todo atraindo. O tipo de situações que você atrai sempre dependerá da natureza dos seus sentimentos e emoções. Entenda isso e você compreenderá a fundo o verdadeiro sentido do ensinamento do sublime Mestre Jesus: "Orai e vigiai".

Controlando nossos impulsos nervosos, o estresse, a raiva, as mágoas, as inseguranças, aprenderemos a sutilmente mudar nosso ponto de atração, e com isso passaremos a atrair novos acontecimentos, essa é a essência do processo de conquista através do poder da mente!

As resistências

O processo criador é divertido e leve para quem já está acostumado a construir sua própria realidade, contudo, é muito comum percebermos que somos nós quem impedimos que as realizações positivas aconteçam com mais frequência e profundidade.

As resistências são sentimentos criados no momento em que projetamos nossos pensamentos na direção de nossas metas. São emoções baseadas em crenças que possuem o incrível poder de anular o pensamento criador.

Para compreendermos melhor o fenômeno das resistências, citaremos abaixo alguns casos reais.

Certa vez, um senhor nos procurou pedindo ajuda. Ele sonhava adquirir uma linda caminhonete, de última geração. Porém, ainda não tinha condições financeiras para comprá-la. Como ele queria muito e sabia que podia conquistar com o poder de sua intenção, inscreveu-se em um dos nossos cursos para, na esperança de entender o processo do Criador da Realidade, manifestar seu desejo.

Durante o curso, sempre debatemos muito entre os alunos, expondo exemplos, trocando ideias e submetendo as metas de cada um a avaliações muito positivas, o que refina o desejo, tornando-o mais claro, proporcionando mecanismos para que ele se manifeste mais rápido. Na realização de um dos primeiros exercícios, esse senhor expôs ao público a sua meta. Falou abertamente sobre sua intenção de conquistar a caminhonete dos seus sonhos. Toda a turma deu o maior apoio, incentivando-o prontamente.

Fizemos uma visualização, pedindo para que cada participante imaginasse como se a sua meta já estivesse realizada. Todos fecharam os olhos e mergulharam profundamente no exercício. Confessamos que esse é um dos momentos que mais gostamos de assistir, quando os diversos participantes do curso, cada um em seu processo criativo, mergulha profundamente na visualização. Mais interessante ainda é observar a face sorridente de cada um, se divertindo ao imaginar seus sonhos conquistados. Assistíamos, tudo atentamente quando, ao observar a face daquele senhor, uma grande tensão carregava seu rosto de meia-idade com fortes marcas de expressão. Ele não estava feliz, ele se sentia mal, mas por quê?

Ao término da prática, os comentários foram os mais positivos possíveis. Cada um à sua maneira, sorria abertamente ao experimentar a sensação doce do desejo realizado. Mesmo assim, aquele senhor mantinha-se com o semblante sério, destoando de todo o grupo. Quando questionado sobre seu exercício, a sua resposta foi típica de um exemplo de resistência.

Embora ele tenha conseguido se imaginar em sua caminhonete de última geração, ainda que tenha mergulhado na viagem de visualizar-se dentro do veículo, dirigindo alegremente em uma estrada bonita, a preocupação tomou conta de sua visão.

As ideias que vinham em sua mente eram:

- Como eu posso conseguir uma caminhonete dessas com o salário que eu ganho?

- Como poderei pagar o seguro se nem para o combustível eu tenho?

- O que meus vizinhos pensarão de mim?

- Como meus colegas de trabalho vão reagir a essa minha conquista?

- As pessoas à minha volta sentirão inveja?

Sim, esses foram os pensamentos predominantes que surgiram daquela visualização. Ao passo que ele colocava intenção para criar a sua realidade futura, os sentimentos negativos surgiam na direção contrária, gerando resistência ao processo criador.

É aí que muita gente empaca! Porque ficam se perguntando como. Será? É possível? De que jeito? De que maneira?

Pois essa não é uma resposta que você recebe logo. Seu primeiro passo é simplesmente pedir, depois acreditar, e, à medida que o universo responde, aprender a receber.

Quando você pede, foca energia no sentido da meta e começa a criar sua realidade. Até aí tudo certo. Mas se não acredita, então também não manifesta!

Muitas pessoas não creem em nada disso. Não aceitam a ideia da força do pensamento positivo, da lei da atração magnética, tampouco que podem criar suas próprias realidades. Nesse caso, sempre sugerimos que façam o teste, ou melhor, gostamos de desafiar os céticos, mesmo porque é um desafio em que ninguém perde nada ou ninguém sai prejudicado e, para isso, é provável que a pessoa queira começar com metas mais simples, como rever alguém que não vê há anos, ou comer algum tipo de comida que deseja. Os resultados são muito divertidos...

Mas as resistências, essas você precisa eliminar!!! Elas sempre surgem da dúvida de uma mente cheia de crenças e paradigmas equivocados. Então deixe de imaginar as consequências negativas, a exemplo desse caso. Perceba que a mente das pessoas está solta, não está com o foco certo... Claro que todos nós precisamos de treino para ir acreditando mais e mais a cada dia. Mas lembre-se sempre: a lei da atração magnética funciona, querendo você ou não, acreditando você ou não.

Qualquer que seja o seu desejo, quando ele surgir, procure perceber se há algo impedindo que o sentimento seja bom, leve e tranquilo. Se qualquer emoção negativa surgir, indicará um desequilíbrio que impossibilitará a realização da meta.

Por esse motivo é que sempre recomendamos que as pessoas escrevam as suas metas e, ao longo dos dias, se necessário, que ajustem os pedidos, refinando mais e mais, para que fiquem cada vez mais claras e produzam sentimentos de alegria e conforto.

Quando imaginar a sua meta se realizando, se isso vier do seu interior, da sua alma, o sentimento necessariamente será confortador e alegre. Toda vez que seu desejo carregar uma sensação de peso, tensão ou preocupação, indica resistência; algumas surgindo em decorrência de nossas crenças limitadoras como foi citado no exemplo acima. Entretanto, outras surgem como aviso de que a meta que almejamos não produzirá harmonia em nossas vidas, e isso somente você poderá reconhecer. Uma coisa é certa: se você persistir em fazer todos os dias os exercícios recomendados neste livro, em pouco tempo você encontrará o ajuste perfeito para o conteúdo dos seus desejos. Isso manifestará um sentimento abundante de paz e bem-estar.

Por isso que é tão bom aplicar as técnicas do Criador da Realidade, porque sempre serão benéficas em sua vida e produzirão situações elevadas, plenas de felicidade e paz, simplesmente porque todo o seu estilo de vida foi criado conscientemente por você: o artista principal!

Aprenda a elevar seu ponto de atração

Quando nos tornamos conscientes do nosso poder criador e percebemos que tudo que existe em nossa vida fomos nós quem criamos ou atraímos por nossa vibração, passamos a compreender profundamente a nossa responsabilidade. Principalmente começamos a entender o sentido profundo da expressão "Orai e vigiai".

Os sentimentos de raiva, medo, ciúme, inveja, orgulho e estresse são conhecidos como negativos exatamente porque rebaixam o nosso ponto de atração. Já o amor, a compaixão, paciência, tolerância, felicidade e confiança são conhecidos como positivos porque elevam nosso estado de espírito.

Claro que não é tarefa fácil manter nossa energia em alta. Quem é que não encontra durante um dia, em sua rotina, inúmeras situações desagradáveis, que produzem emoções densas e perturbadoras? Contudo, sabemos que nosso foco nessas emoções rebaixará nosso ponto de atração, que por consequência atrairá mais e mais desses acontecimentos de mesmo padrão.

Pois é aí que a transformação do ser humano começa. Quando percebemos que para conquistar metas e manifestar a vida dos nossos sonhos precisamos desenvolver o amor, o mais sublime e elevado dos sentimentos. Sempre que você sentir amor, elevará seu ponto de atração para o topo da escala; da mesma forma, sempre que a raiva surgir, moverá no sentido negativo da escala.

E você pode estar dizendo: "Mas é muito difícil controlar as emoções, é muito complicado encontrar equilíbrio nos dias de hoje". Sim, todos sabemos que não é tarefa fácil, todavia é possível. Experimente fazer a sua parte com disciplina e verá que muita coisa vai mudar na sua vida. Simplesmente pelo fato de que você, na tentativa de conquistar objetivos, precisa elevar-se na escala das vibrações, e quando isso acontece, além de manifestar seus sonhos, você se transformará em uma pessoa muito melhor. Assim é a lei!

Portanto, o que fazer, de forma prática, quando os conflitos surgem?

Precisamos aprender a contornar nossos sentimentos. Sabendo que a energia sempre fluirá para o foco de nossas atenções, jamais devemos nos concentrar no que não queremos ou não gostamos. Vamos aos exemplos.

Exemplo 1

"Não suporto mais o meu chefe. Não consigo mais conviver com ele. Ele é uma pessoa insuportável."

Comentários:

É normal nesses casos a pessoa comentar com seus familiares, cônjuges, amigos e falar o tempo inteiro sobre o assunto que lhe incomoda. Contam, e reclamam, e tornam a comentar. Os anos passam, o chefe vai ficando pior, a situação se torna insustentável.

Não estamos aqui dizendo que o chefe não é uma pessoa difícil, é possível que seja realmente. Mas perguntamos: Que realidade uma pessoa dessas está construindo? O que ela está fazendo para contornar a situação?

Nada. Pelo contrário, ela está aumentando o problema, alimentando as questões das quais não gosta ou não concorda, pelo simples fato de falar, sentir e reclamar, abastecendo ciclicamente a situação conflitante com essa energia de reclamação e negatividade.

Escutamos todos os dias as pessoas dizerem: "Mas ele me fez isso – fui prejudicada e passada para trás – sou inocente – não merecia isso!".

Não existem vítimas e pronto! Você já sabe disso agora.

Mude o foco. Passe a aumentar a energia das qualidades que deseja que o chefe tenha.

Exemplo de pensamentos adequados para elevar o ponto de atração:

- Acho que meu chefe está com muitas atribuições e não está conseguindo dar conta do trabalho (sentimento de compaixão, solidariedade – positivo na escala);

- Meu chefe é uma pessoa que coordena muitas pessoas ao mesmo tempo. Nossa empresa vem crescendo graças ao empenho dele. Mesmo ele sendo alguém difícil de lidar, posso dizer que ele é muito competente (sentimento de admiração – positivo na escala);

- Sei que não é fácil aceitar seu jeito de liderar, mas vou tentar compreender a posição dele e fazer a minha parte (sentimento de paciência – positivo na escala);

- Tenho certeza de que se eu fizer bem feita a minha parte e der apoio a ele, tudo poderá mudar em pouco tempo. No fundo, sinto que ele é alguém carente e que pode estar confuso (sentimento de compreensão – positivo na escala);

- Tenho muito o que agradecer a esse trabalho. Sei que os problemas surgem, mas também identifico nos conflitos a necessidade que eu tenho de evoluir constantemente. Sei que atraio todas as situações e que sou o criador da minha realidade. Se algo vai mal, fui eu quem provoquei. Agora, resta mudar meu estado de espírito através de novas atitudes (sentimento de gratidão – positivo na escala);

– Refletindo mais, me considero feliz e grato por ter consciência de que sou o criador da minha realidade. Fico muito contente em saber que posso construir uma nova experiência a cada dia, e que eu sou o principal responsável por tudo o que me acontece. Sinto-me alegre em saber que, sempre que me dedico com amor e persistência, transformo minha vida em uma realidade de sonhos. É isso o que eu quero agora!

Comentários:

Nesse momento, seu ponto de atração subiu muito e a pessoa contorna a vibração negativa. Em pouco tempo, o chefe, antes foco de todas as reclamações e críticas, com certeza manifestará uma outra atitude, bem como a pessoa também será mais feliz e viverá em harmonia com a situação.

Percebam que não estamos ignorando o problema, apenas mudando o foco para que a energia se expanda em outra direção, prezando pela harmonia e pelo bem-estar.

Exemplo 2

"Minha vida está muito ruim. Não consigo prosperar, não tenho dinheiro suficiente para pagar minhas contas e tudo está tão caro. Ando triste, adoeço com facilidade e estou cansado de tudo. Meu relacionamento com as pessoas está em desequilíbrio."

Comentários:

Nesses casos podemos encontrar uma pessoa quieta, que quase não comenta com ninguém seus dilemas internos. Trata-se de alguém muito introspectivo e reservado. Contudo, vive em profundo conflito mental e emocional, com um intenso diálogo interno, lamentando-se da vida o tempo todo.

É um caso típico muito ocorrente. Alguém sem esperança e sem energia, que continua a ter pensamentos cíclicos e contínuos (viciado nas emoções) acerca de todas as coisas que ele não quer e não gosta. O que ocorre é que ele só expande mais e mais tais acontecimentos.

EXEMPLO DE PENSAMENTOS ADEQUADOS PARA ELEVAR O PONTO DE ATRAÇÃO:

- Minha vida está sem graça, sem novidades, mas sei que já passei por fases ruins antes e superei, sendo assim, posso encontrar saídas dessa vez novamente (sentimento de esperança – positivo na escala);

- Sei que se eu não tivesse me acomodado tanto na vida, poderia estar em outra situação agora. Fico pensando nisso, mas percebo que sempre dá tempo de consertar as coisas (sentimento de otimismo – positivo na escala);

- Sei que é difícil admitir, mas essa crise tem me ensinado tanto que concordo que esse seja um movimento necessário e positivo na minha vida (sentimento de confiança, aceitação – positivo na escala);

- Tenho certeza de que, se eu mudar minha atitude, poderei resolver tudo com rapidez (sentimento de iniciativa, atitude – positivo na escala);

- Refletindo sobre tudo isso, percebi que deixei de ser eu mesmo, perdi minha identidade por comodismo e preguiça. Agora estou confiante e cheio de vontade de mudar tudo. Vejo que tenho que ter gratidão pela vida, porque possuo muita capacidade para mudar minha experiência para melhor (sentimento de gratidão e confiança – positivo na escala);

COMENTÁRIOS:

Outra vez percebemos que não há hipocrisia em ignorar

os fatos negativos da sua vida ou "tapar o sol com a peneira". Não estamos propondo nada disso. A ideia é simples e objetiva: focar sua atenção na direção do que você quer e ignorar o que você não quer. Simples mesmo.

Vamos agir?

Algumas dicas para fazer agora, já!!!

- Faça uma lista de pelo menos duas situações com as quais você está em conflito, que lhe deixem infeliz ou em sofrimento. Escreva livremente, desabafe no papel!

- Agora, para cada situação conflitante, faça uma lista de pelo menos quatro pensamentos adequados para elevar o ponto de atração, conforme os exemplos acima.

- Tenha disciplina. Sempre que o problema surgir na sua mente, leia a lista de pensamentos adequados para elevar o ponto de atração do sentimento conflitante. Com isso você focará sua energia na direção dos desejos que você tem e logo mudará a sua realidade.

Importante:

- Sempre que surgirem em sua mente situações conflitantes, lembre-se de imediatamente encontrar pensamentos que elevem seu poder de atração. Se você fizer bem feita a sua parte, fará uma revolução em sua vida, pois essa é uma prática muito poderosa.

Agora veja uma lista com sugestões de frases poderosas que podem ser empregadas em momentos que você precisar elevar seu poder de atração:

- Eu me sinto bem agora porque posso aprender e fazer melhor, sempre, infinitamente.

- Eu fico mais e mais feliz por perceber que mesmo nos problemas intensos eu sempre evoluo. De uma forma ou de outra me saio bem.

- Agradeço por perceber essas situações difíceis como agora, por ter consciência delas, e principalmente por entender que naturalmente eu sempre busco o positivo, em tudo.

- Agradeço porque na minha vida as dificuldades são sempre contornadas com muita leveza e sabedoria.

- Agradeço porque sei que o sentimento ruim que sinto pode ser transmutado, apenas percebendo e me lembrando o quanto sou abençoado por Deus.

- Agradeço pela oportunidade que tenho de me regenerar e ser melhor a cada instante.

- Fico agradecido por tomar consciência rapidamente das emoções negativas e com isso poder melhorá-las, de forma simples, sempre que eu me abrir para Deus com humildade.

- Quanto mais eu percebo que sou responsável pela minha felicidade, mais confio nesse processo evolutivo e mais ancoro felicidade, sucessivamente.

- Quando me lembro de quanto já venci nesta vida, percebo que qualquer dificuldade, mesmo essa de agora, tão intensa, pode ser vencida também.

- Sinto a todo instante, em todas as situações, que minhas inferioridades e meus desequilíbrios emocionais, mesmo me abalando tanto, podem ser purificados, sempre.

- Sinto-me seguro e satisfeito por poder confiar que o universo sempre me aproxima de tudo o que eu preciso para evoluir e ser feliz.

- Alegro-me constantemente ao perceber que o universo revela, em todas as situações, ilimitadas formas para eu ser feliz.

- Sinto que energias curativas estão presentes em todos os lugares, mesmo que invisíveis, elas me banham o tempo todo com vitalidade e harmonia.

- Mesmo com a correria e o *"estresse"* do dia a dia, sei que a Energia Divina me envolve e me abençoa e isso me faz mais feliz e me ajuda a superar os problemas.

- Essa crise ou decepção é instrumento para que eu evolua e seja mais feliz com os novos aprendizados, sempre.

- Mesmo sofrendo com a forma que as pessoas ao meu redor se comportam, sinto esperança pela possibilidade que tenho de desenvolver mais compaixão e tolerância, sobre tudo e todos na vida.

Tenha criatividade, dedique-se, desenvolva as suas afirmações de acordo com cada situação. Encontre pensamentos que elevem o seu ponto de atração. A técnica é simples e eficiente.

Exemplos de escala de frequência dos sentimentos

POLARIDADE	NÍVEL	ASPECTO
ZONA POSITIVA	10	amor, compaixão
	9	devoção, humildade, perdão
	8	desapego, caridade
	7	felicidade, alegria, harmonia
	6	generosidade, bondade
	5	crença, disciplina, confiança, paz, fé, positivismo
	4	otimismo, atitude
	3	calma, tolerância
	2	serenidade
	1	passividade
ZONA NEUTRA	0	monotonia
ZONA NEGATIVA	-1	perfeccionismo e curiosidade (em excesso)
	-2	rebeldia, birra, falta de iniciativa, nostalgia, indiferença
	-3	ansiedade, preocupação, dependência, falta de fé
	-4	futilidade, vaidade, preguiça, fofoca, pessimismo
	-5	posse, ciúmes, apego, egocentrismo, implicância
	-6	orgulho, lamentação, reclamação, angústia
	-7	paixão, vitimização, mágoa
	-8	fascínio, fanatismo, inveja, ceticismo, desespero
	-9	raiva, rancor
	-10	ódio, vingança

Comportamento coerente

CAPÍTULO 4

"Você nunca sabe que resultados virão da sua ação. Mas se você não fizer nada, não existirão resultados." Mahatma Gandhi

Comportar-se de forma coerente é alinhar-se no sentido da meta, eliminar as resistências e abrir-se para receber as conquistas de uma vida de sucesso. O pensar, sentir e agir precisam estar na mesma sintonia, porque você atrai aquilo que você é, aquilo que você vibra.

Veja abaixo uma lista de treze comportamentos adequados para você criar uma vida de sonhos!

1. Integridade sempre!

Uma pesquisa feita com diversos milionários nos Estados Unidos apontou os cinco pontos mais mencionados como sendo responsáveis pelos seus sucessos. Encabeçando a lista desses cinco elementos está a Integridade.

Essa afirmação confirma uma impressão óbvia: existem padrões de conduta que precisamos aprender e seguir à risca. Isso serve para o adulto, a criança, o adolescente ou o idoso. Não importa se sua busca é por dinheiro e condições financeiras, se é por um relacionamento perfeito, por um corpo saudável e bonito, ou se é por um estilo de vida pleno. Tenha o objetivo que você quiser, sem integridade não dá!

Conhecendo a lei da atração magnética, a lei que construiu o universo, você compreende que atrai a essência produzida nos pensamentos, sentimentos e emoções. Se a partir de seu comportamento é produzido amor, gentileza, alegria, cada vez mais você compartilha essas dádivas com as pessoas à sua volta e o universo lhe devolve mais bênçãos num processo de retroalimentação energética. Com emoções negativas, o procedimento é idêntico, pois a lei universal é a mesma. Dessa forma, é óbvio que, se você não for uma pessoa íntegra, certamente atrairá situações difíceis em sua vida.

Quando falamos da importância desse fator na capacidade de criar realidades de sucesso, muitas pessoas em nossos seminários concordam plenamente, como se fosse algo unânime (realmente deve ser). Em outras palavras, todos se consideram íntegros. Mas na verdade nem todos são. Calma, não estamos acusando ninguém, apenas queremos lembrar que, por inocência, falta de discernimento ou percepção, muitas pessoas cometem graves erros e nem percebem. Vamos a alguns deles.

Em um curso do Criador da Realidade, falávamos sobre a importância da integridade. O assunto em si era sobre a emissão de notas fiscais em todas as vendas de um estabelecimento. Imediatamente, uma discreta senhora, que passou quase todo o período do curso sem interagir, comentou: *"Não posso emitir nota fiscal de tudo, assim não tenho lucro. O imposto é um abuso, e, se eu recolher o imposto de todas as vendas, no meu negócio, que é tão concorrido, eu vou à falência"*.

Procure analisar a intensidade da afirmação daquela senhora, bem como a consequência vibrátil (o ponto de atração dela na escala das vibrações) dessa observação na vida dela.

Tudo indicava que estávamos ali diante de uma nobre senhora, cumpridora de seus direitos e deveres, não só como pessoa física, mas como jurídica. Contudo, pode-se perceber que ela sonegava impostos.

Sim, essa é a parte dos cursos que mais gera polêmicas, e provavelmente você pode estar dizendo: "Assim fica difícil, não dá para fazer tudo direitinho neste país". Uma vez sabendo o que devemos fazer, tendo consciência de nossos atos e suas consequências, devemos ter muita atenção em simples questões como essa.

A integridade é um princípio que deve ser blindado a desvios ou atalhos. Integridade não tem mais ou menos. Ou você decide ser íntegro e fazer tudo que deve ser feito ou você não é, não existe meio termo.

Não se assuste, não fique com raiva ou medo de errar, mesmo porque não estamos julgando ninguém, apenas colocando questões importantes sobre um novo olhar e um novo foco. No futuro, não existirão mais políticos corruptos, nem pessoas maldosas, nem traidores. Um dia, quando o ser humano se envolver de conhecimentos universais, e entender que é responsável pelo seu sucesso tanto quanto pelo seu fracasso, compreenderá a importância vital de fazer tudo certo, com integridade em todos os aspectos.

Pague suas contas, não fique devendo nada para ninguém. Caso não tenha ainda condições de quitar suas pendências financeiras, procure o credor, negocie, converse, sinalize seu desejo de cumprir com suas obrigações. Nunca, jamais em sua vida, deixe de cumprir com sua palavra. Nunca deixe uma compra, conta ou empréstimo em aberto. O efeito de questões mal resolvidas como essas é muito nocivo.

Certa vez, um aluno, que é empresário, nos procurou. Reclamava que não sabia onde estava errando, pois seus negócios não prosperavam. Foi quando marcou uma reunião conosco para debater possíveis causas.

Ele estava praticando todos os exercícios que ensinamos neste livro, tinha disciplina, mas as vendas não aumentavam e suas contas só cresciam. No meio da nossa reunião, seu celular tocou. Ele pediu desculpas, mas disse que precisava atender porque era urgente. Nessa conversa que ele iniciou pelo telefone, sem que ele percebesse, começou a falar com seu sócio sobre questões muito particulares e algumas decisões que deveriam tomar. Assim, ele ficou naquele diálogo por uns dez minutos, enquanto nós observávamos passivamente o teor da conversa.

O nosso susto foi grande. Em tão pouco tempo falando com seu sócio, liberou decisões com moral e ética completamente distorcidas.

1 – Pediu para que a carga da encomenda fosse enviada mesmo com defeitos visuais do produto. Disse que talvez o cliente não percebesse e que passaria tranquilamente no controle de qualidade.

2 – Falou para o sócio mentir que ele estava doente, por isso não podia ir a determinada reunião com fornecedores que queriam negociar suas dívidas.

3 – Ao desligar o telefone, disse-nos que estava indo viajar com a esposa. Era uma data especial para o casal e ele achava "justo" passar uma semana na Europa. Você pode dizer que isso não é errado, também achamos que não, desde que ele não tivesse outros compromissos para honrar, além de não ter que mentir para ninguém.

4 – Alguns minutos depois, percebeu que estava atrasado e que precisava encerrar nossa reunião. Antes, mencionou que

tinha um presente para nós. Foi ao seu carro e voltou rapidamente com um cd de músicas New Age, que realmente gostamos muito. Não teria nenhum problema se esse disco não fosse pirata. Ainda de quebra, ele disse que deu uma cópia para cada amigo mais próximo e que todos tinham gostado. Apressado, ele foi embora.

Percebam a falta de coerência. Seus desejos e seus pensamentos estavam direcionados no sentido de expandir os negócios, ter lucratividade maior e prosperar. Mas suas ações não estavam orientadas para o mesmo sentido. Sua falta de integridade não permitia! Esse grande erro de coerência era o grande responsável por sua realidade confusa de conflitos financeiros. Em uma outra oportunidade, esse homem quis continuar aquela reunião. Nossas palavras foram digeridas por ele como cacos de vidro. Ele sofreu muito ao perceber algo do qual não tinha consciência: seu maior desafio era a conquista da integridade.

É inegável que foi uma reunião difícil e até tensa, mas o efeito promovido no universo de princípios e valores daquele homem foi o suficiente para ele mudar sua vibração e começar a prosperar novamente em menos de três meses.

Sabemos que muitos se ofendem quando colocamos enfaticamente o poder da integridade e a necessidade de mantê-la firme e forte, e não é nada pessoal. Assim sendo, nunca se magoe com tais questões, não estamos julgando nem condenando ninguém. O objetivo é deixar bem claro que, se você não cuidar bem desse fator, provavelmente nunca terá a vida dos seus sonhos; portanto, você precisará fazer a coisa certa, sempre!

Não pirateie nada, nem cd, nem dvd, absolutamente nada.

Não suborne ninguém, também não aceite nada que não seja legal. Não compre nada sem nota fiscal. Também não venda nada sem que seja da forma correta, legalizada.

Não transite com seu veículo em velocidades acima do permitido nas ruas ou estradas.

Se em algum local houver um aviso para fazer silêncio, então faça. Se for de não fumar, então não fume.

Não faça para seu próximo aquilo que não gostaria que lhe fizessem! Eis a regra de ouro que consta em todas as escrituras sagradas do Planeta!

Não adultere documentos, mesmo que simples ou com pouca importância. Não distorça a versão de nenhuma história, não minta, não engane, não maltrate.

Tenha coerência nos seus atos. Aja sempre de forma condizente aos seus objetivos. Lembre-se de que sua tarefa não é aprender maneiras de burlar a lei e as regras de um país, de uma cidade, empresa ou instituição. Sua missão é ser alguém elevado e consciente que possa se adequar perfeitamente a essas regras, por ter a consciência da consequência de tudo.

E para finalizar esse comentário sobre integridade, queremos apresentar uma conclusão libertadora:

Não existe um Deus que castiga, nunca existiu, nem nunca existirá!

Há o universo, regido por leis naturais, que lhe responde na mesma sintonia daquilo que você emite. E onde fica o demônio nessa história? Qual o papel do Diabo ou Satanás?

Aceite, essa é uma verdade renovadora que transformará a sua vida:

O Demônio é a ignorância!

Todo mal que acontece em nossa vida não vem da ação de seres "trevosos" e sim como consequência da ignorância que proporciona que cometamos atos falhos, que mais tarde voltam para nós, seus originais remetentes. Perceba que não foi ao acaso que o grande Mestre Jesus disse: "Conhecereis a verdade e ela vos libertará". Esse homem, que mudou o mundo com suas lições de amor, sabia do que estava falando, pois tinha conhecimento de causa!

2. Aja de forma condizente

Se a sua meta é viajar para o exterior, então vá hoje providenciar uma foto para fazer seu passaporte! O ato condizente cria um fluxo de energia entre você e seu objetivo. Fale sobre as coisas que deseja, respire esse estilo no seu pensar e sentir. Estude tudo que puder, "fale a língua da sua meta".

Se você quer um dia ser um escritor famoso, então comece a escrever. Se quer comprar um carro, comece a analisar os modelos. Se quer viajar, comece a estudar os roteiros, e assim por diante. Mas, cuidado, não deixe as resistências danificarem seu ponto de atração, como, por exemplo: você olha um roteiro de viagem e desanima com o preço dizendo que jamais terá essa quantia. Você analisa o valor do IPVA do seu carro sonhado e acredita que nunca conseguirá pagar com o seu salário. Esses são movimentos nocivos. Esqueça isso tudo e concentre-se no que você quer, esse é o seu trabalho.

Certa vez uma aluna queria muito mudar-se de seu apartamento para uma casa, na mesma cidade em que morava. Contudo, tratava-se de uma cidade com pouquíssimas opções de aluguéis, o que tornava as chances dela bem pequenas. No curso que fez, logo nos primeiros minutos percebemos que ela estava focando na tristeza por não estar conseguindo a casa, o primeiro erro. Depois observamos que ela não estava agindo de forma condizente, quando perguntamos:

— Você já começou a encaixotar seus objetos de menor utilização?

Ela se assustou com a pergunta, mas compreendeu que essa simples ação geraria um movimento muito profundo na sua energia, porque ajustaria sua vibração no sentido da meta. Pois ela levou a sério a ideia, começou a se organizar, começou a embalar tudo que podia, bem como passou a imaginar diariamente que já estava morando em uma casa no centro da cidade. Ela mudou seu foco da tristeza por não conseguir para a alegria da sensação da meta realizada. Em onze dias o desejo se concretizou.

Não demorou muito e ela ganhou fama de sortuda. Seus amigos próximos sempre comentam que ela é uma pessoa de sorte por morar em uma casa tão disputada pelo mercado imobiliário. E você, acha que é mesmo sorte?

3. CRIE ARTIFÍCIOS

Crie situações que lhe aproximem da meta. Se é um carro que você quer, faça um *"test drive"*. Se é um emprego em uma companhia famosa, pegue uma foto dessa empresa e fixe em um lugar que você possa ver todos os dias. Mexa-se na direção da sua meta, que o universo fará a parte dele. Mas é importante agir, se movimentar, mesmo que seja com pequenas ações. O que mais importa é mudar seu ponto de atração.

Tudo que lhe aproxime do que você quer será útil. O seu papel é ajudar a diminuir a distância. Aja! Lembre-se sempre de que, na maioria das vezes, a atitude é mental, porque o restante vem naturalmente quando você se alinha com o seu objetivo.

Entre na casa que você deseja comprar, mesmo que não tenha dinheiro, e não deixe o sentimento de não ter a quantia suficiente gerar resistência. Acesse sites na internet sobre as suas metas. Imagine-se com todo o poder do mundo, e que pode fazer, ter ou ir aonde quiser.

Se não possui o dinheiro suficiente para comprar o seu automóvel, pois então compre um lindo chaveiro ou um sachet com o cheiro preferido para perfumar seu lindo carro novo!!! Segure o chaveiro e embarque no sentimento de realização, fique respirando o aroma do sachet, porque esse será o cheiro da sua conquista, use todos os sentidos para comunicar-se com a meta: visão, audição, tato, olfato, paladar, sentimento, imaginação, alegria, poder. Nossos sentidos são infinitos e muitos são extrafísicos.

Um caso muito interessante aconteceu quando uma mulher de aproximadamente cinquenta anos, após participar do curso O Criador da Realidade, veio pedir ajuda. Sua principal meta era encontrar alguém para ter um relacionamento amoroso estável e harmonioso. Era setembro e ela não queria nem pensar na ideia de passar mais um Natal solteira.

Percebam o seu primeiro erro, ela estava focada no fato de não suportar a ideia de passar um Natal sem um companheiro. Estava emanando energia exatamente para o que ela mais abominava. Além disso, ela acreditava que, porque já tinha quase cinquenta anos, suas chances em relacionar-se de novo com um bom homem era nula: o segundo grande erro de foco.

O mais interessante foi percebido no decorrer daquela curta conversa. Descobrimos que ela morava sozinha e que em seu quarto existia apenas uma cama de solteiro. Que erro grosseiro!

A dica que demos foi simples. Organize seu apartamento como se você já tivesse um companheiro. Cama de casal, mesa com duas cadeiras, no banheiro duas toalhas de rosto e duas de banho. Na varanda duas cadeiras de descanso, e assim por diante. De quebra fizemos uma pergunta que a deixou intrigada:

- Você já comprou o presente de Natal dele?

Ela um pouco confusa perguntou:

- Mas como se eu nem encontrei alguém ainda?

No decorrer de sua resposta ela já ficou vermelha de vergonha e compreendeu o "espírito da coisa", bem como identificou claramente algumas de suas principais resistências. Ah, o resultado? A lei funciona...

4. Fique atento a cada ideia ou oportunidade

O universo também nos avisa através de sinais os caminhos a seguir. Esse fenômeno se dá por várias formas, no entanto as mais comuns são as coincidências, que não existem! Esse é apenas um termo para melhor expor o tema, porque estamos falando de sincronicidade.

Você está pensando em fazer um curso de marcenaria e distraidamente senta-se no sofá para assistir televisão. Você sempre costuma assistir aos canais de sua preferência, mas naquele dia decide procurar o que passa em outros. À medida em que vai acionando o controle remoto pelas várias emissoras, acaba se deparando com uma matéria sobre marcenaria. Você fica impressionado, mas acha que não passa de uma mera coincidência.

No outro dia pela manhã, você acorda, toma um café e abre o seu jornal: uma coluna falando sobre os marceneiros da sua região. Nossa, que casualidade! Será mesmo que é por acaso?

O termo "coincidência" é irônico, pois quando você aumenta a sua percepção poderá ver e sentir que o universo se comunica dando respostas e mostrando caminhos, e isso é um recurso poderoso. Quando você estiver pensando a respeito da sua meta, faça uma breve prece, peça para o universo lhe ajudar a realizar da melhor maneira, criando as "coincidências" (sinais) necessárias para que você possa entender o que é realmente bom para você. Aumente sua percepção, fique atento, você vai se surpreender com as coisas que vão acontecer, mostrando indícios de quais caminhos seguir. Quanto mais você utilizar esses recursos conscientemente, mais habilidade para entender os sinais você adquire, e, com o tempo, ficará muito mais competente nessa arte.

Quando as coisas são muito trancadas ou difíceis, isso também pode ser um sinal do universo. Se a sua meta é definida de acordo com a sua programação interior, não é para ser nada angustiante ou cansativo, fique atento a isso, sempre. Nesse caso, revise suas metas até encontrar sentimentos que mantenham seu ponto de atração elevado.

5. Livre-se da dúvida

Não deixe a dúvida tomar conta de você. É necessário confiança, determinação e fé. A dúvida muda seu ponto de atração e isso gera a resistência da qual falamos anteriormente.

Para ajudar a dissolver esse momento de incerteza, recomendamos que você crie o hábito de utilizar constantemente as seguintes frases:

- Eu posso;
- Eu dou conta;
- Eu sou capaz;
- Eu consigo;
- Eu estou aproximando;
- Eu estou conquistando;
- Eu estou enriquecendo;
- Eu só atraio situações e pessoas abençoadas e positivas;
- Como eu já defini o que quero, só preciso me concentrar nisso e esperar a Lei da Atração Magnética agir;
- A todo o momento o universo está trabalhando a meu favor, e logo conquistarei mais e mais bênçãos.

Esses são apenas alguns exemplos de palavras que devem povoar o vocabulário das pessoas que querem atrair mais e mais bênçãos e conquistar metas. São frases poderosas, principalmente para os que falam com a força que vem do coração e com o sentimento que elas podem produzir.

Lembre-se sempre: quem duvida do seu poder, dá poder às suas dúvidas.

6. Assimile as críticas e esteja sempre animado, muito animado!

Qualquer ser humano que começar a construir uma realidade de sonhos, certamente terá que aprender a lidar com a crítica. Isso porque a maioria das pessoas gosta de julgar os atos alheios, de controlar a vida dos outros. É muito comum quererem que você aja da maneira que elas acham que é certa. Sendo bem diretos, isso é pura arrogância!

A crítica o lapida ou o destrói. A escolha é sua, mas lembre-se que a única coisa que vai ajudá-lo a se manter em pé, firme, é a sua constância de propósito, a capacidade de acreditar na sua visão interior, de enxergar o que ninguém enxerga e de confiar na lei da atração magnética que nunca falha.

Desenvolva o autocontrole, não reaja instintivamente a nada, espere sempre as coisas esfriarem. Não combata críticas na mesma "moeda" para seu ponto de atração não cair. Espere o tempo passar, acalme-se e encontre saídas baseadas no seu Eu Superior, com foco nas suas metas.

Acima de tudo, conscientize-se de que as críticas podem vir das pessoas que você considera mais importantes em sua vida, e por isso pesam muito no seu juízo. Aceite que não conseguirá agradar a todos, e, desde que você aja sempre com integridade, não provocará mal nenhum a ninguém. Seja fiel aos seus propósitos e compreenda que você não é responsável pela felicidade das pessoas e nem elas são responsáveis pela sua. Você é responsável pela *SUA* vida e os outros que se responsabilizem pelas suas escolhas. Esse é o poder do livre-arbítrio, o poder de ser o criador da sua própria realidade.

7. Sentir-se bem é o veículo que o transporta

Sentir-se bem é o combustível do processo, por isso você precisa estar sempre em equilíbrio, gostando de viver, gostando de você mesmo, sentindo-se feliz, principalmente quando imagina a meta realizada. Sentir-se bem mantém você com o ponto de atração nos níveis superiores da escala. Tenha disciplina no seu "Orai e vigiai" constantemente.

Com seu ponto de atração elevado, você se manterá sintonizado na mesma direção da sua meta. Quando nos sentimos mal é porque estamos criando resistência, portanto desalinhados dos nossos objetivos.

Sempre que você se sentir mal, aplique a técnica de criar pensamentos que elevem seu ponto de atração, são exercícios profundamente eficazes e rápidos.

8. A gratidão como instrumento do sentir-se bem

Quando você sente-se grato, sintoniza-se nos mais altos níveis de energia da consciência, ou seja, seu ponto de atração sobe muito. Como explicado anteriormente, semelhante atrai semelhante, então trate de sentir profunda gratidão por tudo que você já é e já tem, o que agiliza muito as coisas. Encontre constantemente meios para que você produza esse sentimento interno o máximo que puder. Se você não sabe agradecer, não está pronto para receber mais do universo. É uma prática simples, fácil, mas se você vacilar aqui, pode pôr tudo a perder!

9. Nem sempre as crises e os fracassos indicam realmente fracasso

Karma é uma expressão que vem do sânscrito e significa ação, ou seja, uma ação que você precisa tomar para modificar algo. Portanto, você igualmente atrai situações também pela necessidade de evolução de seu espírito.

Algumas pessoas dizem: "Eu não atraí essa situação para minha vida, pois estava me sentindo muito bem e vigiando os meus pensamentos". Realmente isso pode ser possível, porque a dissolução do seu karma é a sua missão maior. Para isso o universo trata de criar mecanismos que aproximam da pessoa instrumentos que a façam agir.

O karma não é algo ruim, não é um fardo, mas é responsável também por aproximar coisas, acontecimentos e pessoas na sua vida, independente do seu padrão de pensamento consciente.

É importante ter consciência desse mecanismo do universo, e principalmente compreender que muitas vezes a frustração pode impulsionar um indivíduo saudável a feitos ainda maiores. Aprender como lidar com a desilusão e usá-la ao seu favor pode ser o verdadeiro segredo para uma vida de sucesso. Portanto, muitas coisas desagradáveis que acontecem em sua vida hoje remontam a períodos anteriores em que você não tinha consciência da lei da atração magnética. Anime-se e continue fazendo a sua parte, que os resultados virão!

10. Aprenda a esperar, tenha paciência

Tenha a confiança de que o universo está se organizando para trazer a sua meta até seus "braços" da forma como você acredita e sente. Tenha paciência. Ansiedade e impaciência causam desalinhamento (resistência), afastando sua meta de você. Continue fazendo bem feita a sua parte e relaxe. Agindo assim, logo você receberá a sua "encomenda".

Se tiver ideias relacionadas a metas, coloque-as em prática. Se tiver pensamentos novos, aproveite-os. Se surgirem oportunidades condizentes, aproveite-as, mas saiba viver tudo isso sem fortes emoções de ansiedade e angústia, porque quando isso acontece seu ponto de atração cai muito, o que atrasa a manifestação das metas.

11. Organização e felicidade são irmãs gêmeas

Quer ser feliz? Então organize-se!

Imagine que você chega em sua casa depois de um longo dia de trabalho e encontra um ambiente bagunçado e sujo. Roupas para lavar, limpeza para fazer, tudo para organizar... Como você se sente? Triste, cansado e em alguns casos até deprimido...

Agora imagine entrar em sua casa e encontrar um ambiente extremamente limpo, com um cheirinho de perfume agradável, tudo está decorado, organizado e ainda com uma música suave e agradável acariciando seus ouvidos. Qual é a sensação? Leveza, felicidade, harmonia, bem-estar, conforto, carinho, amor...

Quando um ambiente está desorganizado ou sujo, ele é apenas o reflexo externo de nosso ambiente interno. Observando nosso carro, bolsa, casa, nossa mesa de trabalho ou mesmo nossos armários, podemos observar como nosso eu interior tem se comportado e como está a nossa satisfação com relação aos nossos pensamentos, sentimentos e emoções.

Através de técnicas como Meditação, Mantras, Yoga, Reiki, utilizando uma respiração correta e outras milhares de maneiras, podemos conquistar o sonhado equilíbrio que traz a felicidade. E tudo isso parte de um ponto: colocar cada coisa em seu lugar!!! Sejam essas coisas materiais ou imateriais. Organizando nosso sistema interno, nossas emoções e pensamentos, automaticamente o ambiente externo vai se ajeitando, pois pelo princípio da mandala toda energia se expande a partir de um ponto central: nós mesmos. Nós somos o núcleo energético do ambiente onde habitamos e nos relacionamos, determinando internamente o resultado externo, através do que pensamos e sentimos. De nós mesmos parte a intenção de harmonia e bem-aventurança.

Assim como a organização interna gera a externa, o contrário também prevalece: quando começamos a arrumar fora, nossas sensações melhoram, nos sentimos bem e automaticamente nossas emoções se sutilizam, surgindo a harmonia.

Lembre-se sempre:

- Organização gera método, ação e intenção.
- Método, ação e intenção geram disciplina.
- Disciplina gera prática.
- Prática (talvez a maior das mestras) gera resultados satisfatórios.
- Resultados satisfatórios geram autoconfiança.
- Autoconfiança gera autoestima e bem-estar.
- Autoestima e bem-estar geram felicidade.
- Com felicidade atraímos um melhor estado vibrátil e mais felicidade ainda, com sentimentos nobres e positivos.
- E assim evoluímos.

Se você tem dificuldade para se organizar, comece pelas pequenas coisas. Primeiramente planeje, pense em como vai fazer e quando. Agende um horário consigo mesmo!!! Arrume sua mesa de trabalho, por exemplo, libertando-se de papéis e objetos desnecessários: tudo aquilo que você não precisa ou não usa há muito tempo, ou seja, há mais de seis meses.

O que você utiliza muito, deixe mais perto, criando uma escala de distância de acordo com a periodicidade de utilização.

Quando se trata de roupas e utensílios domésticos, podemos doar, criando em nossa vida o princípio do vácuo, abrindo espaço para que o universo nos envie abundância e prosperidade. Objetos inúteis possuem energia parada, o que difere dos princípios universais de movimento e ação.

Conforme vamos arrumando bolsas, gavetas e armários, todos os nossos espaços se organizam, trazendo qualidade de vida, alegria e satisfação pessoal.

Organize sua vida financeira. Esse é um dos fatores mais importantes para que tenhamos paz de espírito. Dívidas geram laços energéticos pesados, pois credores insatisfeitos emanam uma nuvem de cobrança sobre o devedor e isso afeta seu sistema emocional. Negocie suas dívidas, parcele dentro de seu orçamento para conquistar qualidade de vida e emoções mais amenas, mais sutis. Organize sua renda, reservando percentuais para necessidades básicas, poupança para despesas de longo prazo, diversão, doações e outros pontos que você desejar. Organize-se como se você recebesse 70% de sua renda e reserve os outros 30% para economia ou poupança. Gastando menos do que ganha, você se sentirá mais tranquilo e feliz, pois saberá que, se precisar de dinheiro, ele estará reservado para o que você necessitar. Depois de organizar um método, respeite-o com disciplina para conquistar a liberdade que o sucesso financeiro pode lhe proporcionar. Não deixe para depois. Comece agora, já... Até quando você vai ficar sofrendo com uma vida financeira desequilibrada?

Quando nos organizamos em pequenas coisas, essa sensação vai migrando para todas as áreas de nossas vidas.

Organização precisa de atitude!!! Atitude é movimento, a lei natural que nos mostra os ciclos e a roda da vida girando. Esses movimentos que estão presentes em tudo o que observamos, desde as estações do ano, os dias da semana, os ponteiros de um relógio ou a natureza em sua totalidade e sabedoria, refletem nossos movimentos internos, pois somos seres naturais que obedecemos às mesmas leis que regem o universo: somos parte dele; e a organização e harmonia da divindade mora em cada uma de nossas células. Quando estamos conectados com essa divindade, obedecemos e observamos os ciclos naturais, que são, antes de qualquer coisa, organizados magicamente pelo criador.

Então, amigo, o que está esperando? Organize-se e seja feliz!!!

12. Pratique sempre a gentileza

Como palestrantes e ministrantes de diversos cursos na área da espiritualidade, viajamos muito pelo Brasil. Com isso, temos muitas oportunidades de expandir nossa rede de relacionamentos, conhecendo, portanto, diferentes pessoas, com diferentes pontos de vista, atos e atitudes.

Observando e aprendendo com elas, percebemos algo que nos impressiona muito e que, infelizmente, é cada vez mais corriqueiro em estabelecimentos como restaurantes, hotéis, lojas. O comportamento das pessoas é de tristeza, estão cabisbaixas, demonstram amargura, "cara fechada" para qualquer um que se apresente. Elas não se cumprimentam, os sorrisos não acontecem, imagine então a gentileza: esta realmente não encontra solo fértil para florescer. Permanece escondida dentro das nuvens de lamentações e conflitos que cada ser aparenta conviver.

Diante disso, chegamos à seguinte conclusão: infelizmente a gentileza está em baixa! São poucos os estabelecimentos comerciais que sabem realmente receber seus clientes, com afeto e consideração. Quando falamos de serviços públicos como hospitais ou delegacias, por exemplo, aí a coisa fica mais crítica ainda...

Outro dia, ao fazermos compras em um supermercado, no caixa, não foi possível ver a cor dos olhos da operadora. E olhe que tentamos, mas ela não ergueu a cabeça. Foi um comportamento completamente mecânico onde mais uma vez a gentileza, que produz um ambiente tão agradável, também não apareceu. Claro que todos nós temos problemas, ou, melhor, desafios para superar. Contudo, precisamos lembrar-nos do poder da gentileza, do afeto, do respeito, que libera os sorrisos, abre caminhos para felicidade, bem-estar e equilíbrio. E a lição é simples: receber as pessoas, onde quer que seja ou esteja, com afeto, com respeito, com gentileza.

O que você ganha com isso?

Se agir assim, produzirá um movimento tão transformador em sua vida, em tão pouco tempo, que vai ficar se perguntando por que não agiu assim antes, o resultado é garantido!

Como dizia a Madre Tereza de Calcutá: "**Você não tem o direito de passar pela vida de uma pessoa sem deixá-la melhor e mais feliz**".

Reflita. Faça o teste. Pode apostar, você transformará a sua realidade.

13. Admire o sucesso das outras pessoas!

De acordo com a escala de vibração que estudamos no Capítulo 3, a inveja vibra na pontuação -8, ou seja, é um sentimento que nos afasta muito de nossas metas. Sentindo inveja das pessoas que nos rodeiam, estaremos cada vez mais distantes de conquistar o que gostaríamos, sentindo-nos cada vez mais infelizes.

Normalmente, os vencedores admiram o sucesso dos outros e esse sentimento de admiração funciona como um elemento propulsor que os inspira a buscar novos objetivos. Admiração e inspiração são palavras bem mais leves do que inveja, não é mesmo?

A inveja está muito mais presente em nossa vida do que podemos perceber, em maior ou menor grau.

Normalmente, o invejoso sente-se vítima e a cada conquista das pessoas que estão à sua volta, em vez de comemorar, ele chora internamente, reclamando do fato de não ter acontecido com ele. Por que não acontece comigo? Por que somente os outros conseguem atingir metas?

Então nós respondemos: porque os outros traçam as suas metas! O invejoso normalmente é alguém preguiçoso, acomodado, que gosta de conforto e deixa a vida lhe levar, sem leme, sem rumo ou determinação.

E então, o que acontece? Entregue ao acaso, quando o resultado chega para os esforçados e focados, o invejoso quer morrer de tristeza... de desânimo... ou, melhor, morrer de inveja.

Como nos desenvolvemos através de referências, é natural ficarmos nos comparando com as outras pessoas e medindo nosso sucesso através das conquistas alheias, mas, quando há excesso de buscar no outro as diretrizes para a sua vida, acontece o desequilíbrio que pode até tornar-se uma obsessão. Aqui vai um conselho: mantenha-se focado na sua vida, nos seus resultados.

"O que realmente eu quero?" Essa pergunta e a resposta dela (aquilo que realmente queremos), precisam povoar nossa mente quando queremos vencer!!!

Através dos casos abaixo, veremos alguns exemplos do comportamento do invejoso. Examine-se e veja se você se encaixa em alguma das situações e, se isso acontecer, corrija rapidamente essa falha em sua rota rumo à vida dos seus sonhos:

Exemplo 1:

- Aquele colega de trabalho dedicado, esforçado, focado e que economiza há bastante tempo comprou o carro dos sonhos. Lindo. Zero. O carro que ele sempre quis. Qual a sua atitude? O ideal é que, mesmo com um pouco de inveja o trabalho de recuperação se inicie, comemorando junto com o colega, dando os parabéns e dizendo o quanto ele merece tudo de bom, pois é uma pessoa de fibra. Em pouco tempo, a inveja vai se transformando em admiração e inspiração, porque é muito mais natural um ser humano sentir amor. O sentimento de inveja é muito mais difícil de administrar. O amor é natural, inerente a cada um de nós.

Exemplo 2:

- Aparece em um programa esportivo que um jogador de futebol assinou um contrato de 50 milhões de dólares. Muitas vezes nossa primeira reação é uma inveja terrível. Para mudar essa vibração, poderíamos pensar o seguinte:

– Sinto inveja por um simples fato: o jogador decidiu ser um astro e assumir todas as responsabilidades que esse estilo de vida possui, enquanto eu decidi ser um espectador e por isso minha vida não está como eu gostaria. Admiro essa pessoa, porque é preciso ter fibra, garra e determinação para lidar com a mídia, com a pressão da torcida e com uma vida pública, assediada pelos fãs, sem sossego. Quaisquer que sejam nossas decisões, elas sempre envolvem desafios. Pensando bem, esse jogador merece cada centavo pela sua escolha e eu o admiro por isso. Se eu decidir agora que quero ser a estrela e não o espectador, posso ser tudo o que eu quiser, podendo usufruir do brilho, satisfação e glamour que uma vida de sonhos pode me dar. E então, o que eu realmente quero?

Exemplo 3:

- A colega da academia malha menos, come mais e possui um corpo magnífico, aquele que você sempre sonhou, e por isso você quer morrer de tristeza. Por mais esforço que você faça com dietas e exercícios, ainda não conseguiu atingir o resultado que gostaria. Veja nesse exemplo, o quanto erramos em direcionar nossa atenção aos objetivos dos outros. Quando damos atenção ao corpo perfeito de outro, é ele que fica cada vez melhor e não o nosso. Parece óbvio, não é mesmo? O ideal é que você admire essa pessoa e que ela sirva de inspiração para que você também chegue lá. E lembre-se: jamais você terá o corpo dela, porque você já tem o seu!!! Desvie o foco do outro e direcione sua atenção para os seus objetivos. Se você for conversar a fundo com essa pessoa, perceberá que você tem muitos aspectos que para ela são referência e que em muitas coisas ela gostaria de ser como você.

Exemplo 4:

- Um amigo de infância que cresceu com piores condições do que você para se desenvolver, hoje tem muito sucesso, enquanto você chora e reclama de sua vidinha parada... O que seu amigo fazia enquanto você estava em crise, deprimido, preso às lamúrias, chorando ou se lamentando? Ele estaria se qualificando, fazendo um curso, lendo, estudando, se esforçando, fazendo terapia, batalhando, com a mente forte e focada em seus objetivos? Mesmo com muitas dificuldades, provavelmente seu amigo estava buscando seu dia de vitória, correndo atrás de soluções, enquanto você ficava nhem-nhem-nhem e nhem-nhem-nhem e nhem-nhem-nhem...

Pessoas de sucesso têm comportamento adulto, firme e inspirado, enquanto os invejosos são infantilizados, inseguros e possuem uma lista infindável de problemas e reclamações, o que baixa cada vez mais sua vibração, entrando em um ponto de atração de desgraças e doenças.

Portanto, amigo, se você sente muita inveja das outras pessoas, faça o que for necessário para eliminar esse sentimento da sua vida: oração, meditação, terapia!!!

Pare de olhar para os outros, liberte as pessoas e vá até um espelho: lá está a solução, bem dentro de você!!!

Como criar sua nova realidade. Exercícios práticos

CAPÍTULO 5

"A imaginação é mais importante que o conhecimento." Albert Einstein

Neste capítulo apresentamos processos comprovadamente eficazes para ajudar você a manifestar a vida dos seus sonhos. Aplique todas as técnicas ou as que mais sentir afinidade, contudo entenda que, quanto maior for seu empenho, dedicação e disciplina, mais resultados positivos você produzirá.

As técnicas a seguir inicialmente são aplicadas como temas pessoais, entretanto, com o tempo e prática, você tem o objetivo de incorporá-las à sua rotina, de forma que façam parte do seu estilo de vida. Quando isso acontecer, você será o mestre da sua experiência de vida!

Sabemos que um livro possui uma grande capacidade de levar o leitor a uma reflexão sobre a vida, seus valores e atitudes, o que sempre é positivo. Também entendemos que um livro, quando sugere dicas práticas, avança em suas possibilidades, porque acaba se tornando um curso. A decisão é sua: tornar esse material apenas uma reflexão ou permitir que todo esse conteúdo mude sua vida, de maneira tão transformadora, que será um marco na sua existência. Por mais que tenhamos nos esforçado para apresentar a você, leitor, um material de qualidade, nosso raio de ação não pode ir além daqui. Agora começa a sua parte! E então, o que você escolhe?

Vai deixar este livro transformar sua vida também?

Se a resposta for sim, então venha conosco!

Assuma o compromisso de criar sua nova realidade

Podemos dizer que, anos atrás, quando começamos a desenvolver o curso "O Criador da Realidade", toda vez que falávamos em afirmações ou compromissos como o que vem a seguir não sentíamos afinidade com a técnica. Para falar mais francamente, não reconhecíamos o verdadeiro valor dessa prática, que fala direto ao seu inconsciente e portanto tem o poder que transcende as barreiras do lógico ou racional.

Dessa forma, convidamos você a ler esse material, de preferência copiar a punho para uma folha em branco, e no final, assinar com seu nome.

Uma outra atitude coerente é escolher alguém que seja um expectador do seu processo e por isso assine esse mesmo papel como testemunha. É muito importante que você escolha para essa tarefa uma pessoa com mesma sintonia de princípios e valores, e que jamais esteja em desarmonia com as suas ideias, metas e objetivos.

Então vamos ao primeiro passo nos exercícios práticos. Faça hoje e repita a sua leitura sempre, como uma oração diária.

Termo de compromisso para uma vida de sonhos!

Todos os meus pensamentos são virtudes divinas inspiradas pelo plano de amor e luz.

Todas as minhas ideias advêm da Fonte de Amor.

Meus atos são extensões da Vontade Divina.

Meu poder de criador é uma extensão de Deus. Estou alinhado(a) com os propósitos divinos e reconheço em mim a cada dia mais a força da espiritualidade.

Meus caminhos são conduzidos naturalmente. Fecham-se portas, abrem-se outras, em uma sincronia perfeita de evolução constante para o bem.

Nesse momento reconheço toda minha expansão como um processo natural alinhado com a Fonte, por isso estou e sou tão feliz.

Aprendi a reconhecer em meu coração as Vontades Divinas. Tenho a intuição como uma fiel aliada nessa jornada.

Reconheço-a e ouço-a com toda a nitidez e confiança.

A cada dia aprendo a me conectar mais com Deus. A todo instante recebo os benefícios dessa evolução.

Sinto-me livre ao perceber meu poder criador e abençoado por poder usá-lo a meu favor e em favor da humanidade.

Reconheço as respostas necessárias no meu Eu Interior. Permito-me conviver em pura sintonia com minha essência.

Assim minha alma se expande! Assim alquimizo cada novidade, cada conquista, cada novo passo.

Sou consciente do meu poder. Sou consciente das minhas responsabilidades.

Reconheço que não há problema que não possa ser resolvido. Compreendo que nunca devo brigar com Deus, porque eu sou parte Dele.

Estou disposto a fazer a minha parte para ser feliz. Assim decidi construir minha nova vida, com novas bases, sintonizadas no amor, na abundância e na consciência de que eu sou o criador da minha própria realidade.

Que assim seja, e sempre será, porque assim é!
Assinado: _____
Data:__/__/__ Testemunha:_____

1. Comece a criar suas metas

Escreva claramente o que você deseja, podem ser muitas metas. Elas precisam ficar muito evidentes e claras para o universo e para todas as células do seu ser. Se você não define metas objetivas, essa energia fica muito dispersa e o seu poder de atração não se intensifica. Lembre-se de que um dos grandes erros que as pessoas cometem é não ter metas.

Passos práticos para definir as suas metas:

- Escreva em um papel a sua meta, sem se preocupar com a forma mais adequada de pedir. Apenas lance os seus desejos;

- Observe bem as palavras que usou e comece a ajustá-las, lapidando a forma como organiza seu pedido;

- Pense nos detalhes e já comece a mergulhar nessa viagem de sentir como seria se a meta já estivesse concretizada. Quando o pensamento sai da mente e se transforma em uma sensação, você disparou a energia suficiente para o universo aproximar a essência desse sentimento, por isso você precisa sentir as sensações do seu pensamento. Não continue os próximos passos até que possa conseguir sentir. Lembre-se que acreditar é sentir;

- Continue a fazer ajustes no papel, ainda encontrando a melhor forma de escrever, os detalhes, as particularidades que você deseja;

- Depois de refinar a forma de escrever, fale em voz alta várias vezes a sua meta, veja como você se sente;

- Sente-se, relaxe. Procure um lugar onde tenha a certeza de que não vai ser incomodado(a) ou interrompido(a);

- Conecte-se com Deus para pedir ajuda, fique em estado relaxado e meditativo, questione se há algo errado com a sua meta e, caso intua algo, você poderá revisá-la.

- Faça respirações suaves e profundas, acalme a mente por uns três minutos. Pronto, comece agora o exercício de visualizações diárias:

Ex. 1: Um novo trabalho

a) *Trabalhar como advogado, gerar muitos novos clientes, desenvolvendo muito bom nível cultural, financeiro, evoluindo espiritualmente, encontrando e realizando a missão da minha alma.*

Refinando....

b) *Obrigado pelo meu trabalho como advogado, onde consigo muitos novos clientes constantemente e desenvolvo muito bom nível cultural, financeiro. Obrigado pela minha evolução espiritual e pela realização da missão da minha alma.*

Nesse caso, a pessoa já ajustou a meta como se estivesse acontecendo, o que é de fundamental importância. Mesmo assim, o mais importante é que você escreva metas em que se sinta bem ao ler ou imaginar.

Ex. 2: Renda e moradia

a) *Desejo uma casa própria e uma renda digna de ter liberdade financeira e paz de espírito. Quero uma casa bonita, cheia de vida e harmonia. Uma renda muito boa que me traga condições de ser pleno materialmente.*

Refinando...

b) *Estou feliz e grato(a) agora que trabalho de forma harmoniosa, que tenho essa renda maravilhosa de R$ xxxx,00 (determine livremente!), com tantas oportunidades de crescimento pessoal, com tantas novas amizades e paz de espírito.*

Ex. 3: Relacionamento e saúde

a) *Desejo ter um relacionamento repleto de amor e respeito. Quero que meu companheiro seja alguém muito especial, educado, dedicado e fiel. Desejo que nossa união proporcione a nós dois uma vida plena de harmonia e felicidade. Que em nosso lar possa sempre reinar a paz e o amor.*

Refinando...

b) *Estou feliz e grata pelo meu relacionamento repleto de amor e respeito. Agradeço muito pelo fato de que meu companheiro é educado, dedicado e fiel, enfim, uma pessoa muito especial. Agradeço porque temos uma união que nos proporciona uma vida plena de harmonia e felicidade. Estou feliz e grata porque em nosso lar reinam a paz e o amor.*

Comentários:

Os exemplos acima são baseados em casos reais e foram apresentados para lhe trazer a compreensão de que podemos sempre refinar uma meta para que ela fique mais clara, objetiva e que principalmente molde-se mais perfeitamente às suas necessidades.

Lembre-se de que o segredo para atrair o que você quer é sentir-se como se já tivesse conquistado seu desejo, daí a recomendação de refinar a meta, escrevendo-a como se já estivesse realizada.

Não se limite ao número de metas, contudo procure focar em uma quantidade que você consiga dar atenção diária. De nada adianta definir muitas metas, se não conseguir manter seu foco nelas.

Caderno de metas

Escolha um caderno especial somente para anotar suas

metas. Nesse local você vai registrando tudo que quiser e, à medida do necessário, vai refinando também. A vantagem dessa técnica é que você organiza seus desejos de forma clara, o que facilita a sua atração.

De preferência, mantenha esse caderno sempre ao seu alcance, dentro da sua mochila ou bolsa. Todos os dias releia cada uma das metas, tendo a dedicação de imaginar que cada objetivo já se realizou, extraindo os sentimentos pertinentes de cada conquista.

2. Visualizações diárias

Feche os olhos e viaje na sua mente, como se isso fosse uma realidade, sinta a sensação de como seria se a meta estivesse concretizada. Você só conseguirá conquistar seu objetivo se conseguir disparar a sensação, e para isso é necessário dedicação e disciplina nesse exercício!

Você precisa desse recurso para ter certeza de que seu objetivo vai ser condizente com as necessidades de evolução que você tem e com a missão da sua alma. Tenha plena certeza de que, se você puder imaginar, e se as sensações forem positivas, então está tudo certo.

À medida que mergulha nesse exercício, você consegue desenvolver percepção suficiente para determinar com precisão o que você quer ou não quer. E quando descobre o que não quer, você foca no oposto e atrai a parte positiva de tudo.

Pratique mais de uma vez ao dia até manifestar seu objetivo.

Exercício:

- Feche os olhos, faça respirações suaves e profundas, relaxe, acalme a mente por uns três minutos aproximadamente;

- Mentalmente comece a se imaginar no futuro, considere que a sua meta foi atingida, fique perceptivo, use todos os sentidos, deixe sua mente criar. Produza mentalmente um filme muito cheio de detalhes. Caso perceba que existe uma sensação ruim nessa visualização, indica que, mesmo a meta sendo realizada, algo estará incompleto ou em desequilíbrio. Tome consciência do que se trata e comece a se trabalhar desde já. Esse é um recurso poderoso para evitar frustrações ou fracassos;

- Quando você conseguir produzir internamente um filme do seu futuro harmonioso, faça o possível para sustentar constantemente essa sensação, como se a meta já estivesse realizada. Sinta e visualize isso. Quando você mergulha nesse processo, o universo vai fazer coisas incríveis para você chegar onde quer. Quanto mais dedicação, maior será a velocidade da resposta;

- À medida que você for produzindo um filme mais rico nos detalhes, cheio de uma sensação gostosa, a sua tarefa é sustentar esse estado o máximo de tempo que puder, no seu dia a dia;

- Quando o seu desejo estiver de acordo com a sua essência, surgirão filmes completos na sua tela mental, com muito brilho, muita luz e muitas cores. As sensações serão confortantes, positivas e surgirão sem grandes esforços. Quando isso acontecer, acredite, sua meta vai ser muito benéfica à sua jornada evolutiva! Com essa confiança, mantenha a disciplina e siga em frente. Faça esse exercício como se fosse um hábito diário: escovar os dentes, tomar banho, alimentar-se. Se fizer esse exercício na mesma proporção em que se alimenta, com fé inabalável, você terá a vida dos seus sonhos.

3. Quadro das visões

O principal objetivo do quadro das visões é potencializar a sua capacidade de atrair a meta. É uma técnica muito conhecida, simples de fazer, com eficácia comprovada. Posicione um mural ou quadro, desses onde é possível afixar fotos, recados etc. De acordo com as suas metas, prenda nesse quadro fotografias, recortes, encartes, recados, que aumentem a sua conexão com o seu objetivo. Exemplo: se você quer viajar para um lugar especial, coloque a foto desse lugar no seu quadro. Se é um carro o que você quer, então, da mesma forma, posicione a foto com a imagem do carro no mural.

Caso você não encontre imagens específicas para sua meta, você poderá fazer desenhos que sejam significativos e que lhe ajudem a estabelecer conexão com o seu objetivo.

Então posicione esse quadro de visão em um local adequado em sua casa. Prenda nesse quadro fotos, desenhos e outros adereços relacionados à sua meta. Todos os dias pare diante do quadro, respire fundo e mergulhe mentalmente em cada uma das referências ali fixadas. O poder dessa prática é muito intenso. Contudo, existe um erro corrente entre os adeptos da técnica: com o passar do tempo, você pode começar a se acostumar com o quadro de visões, unindo a influência nociva da rotina diária. Então, embora o quadro ainda esteja presente e cheio de elementos, não lhe produz mais nenhuma sensação. Cuide, mantenha a disciplina. O quanto você quer realmente construir a realidade dos seus sonhos?

4. Diário de bordo da vida perfeita

O principal objetivo do diário de bordo da vida perfeita é potencializar a sua capacidade de atrair metas.

Essa é uma "brincadeira gostosa de fazer". Usamos o termo "brincadeira" porque, se você não se soltar e usar a imaginação de uma criança, então será mais difícil de fazer. Entretanto, se você se aventurar nessa viagem e deixar a imaginação comandá-lo, vai experimentar uma das práticas mais prazerosas para criar a realidade. É muito simples, mas requer disciplina diária.

Você pode escolher um diário mesmo ou escrever em folhas soltas, faça como achar melhor. De manhã e à noite, relate a sua experiência naquele dia que termina ou se inicia. Cubra de detalhes o seu relato, escrevendo como se as suas metas já fossem realidade. Veja exemplos:

Ex. 1: Meta: Um relacionamento conjugal estável e feliz.

Veja alguns dos relatos diários da pessoa.

Manhã: Hoje estou muito feliz porque acordei e meu marido já estava com o café da manhã pronto me esperando. Estamos muito felizes porque desde que nos conhecemos nossa vida se envolveu em harmonia e simplicidade. Eu sempre soube, sempre tive confiança que um dia encontraria um grande companheiro, dedicado, fiel e muito amoroso. Me sinto uma mulher realizada no amor e na vida, por isso eu agradeço a tudo e a todos!

Noite: Hoje tive um dia perfeito. É muito bom poder passar as férias com o meu amor. Passeamos muito, andamos de lancha e jantamos em um lindo e romântico restaurante. A cada dia que passa, eu me sinto mais feliz e grata pelo homem que tenho ao meu lado e também pelo estilo de vida que conquistei. Sou feliz e grata a Deus pelas minhas conquistas!

O caso acima aconteceu com uma aluna do curso "O Criador da Realidade", que realmente mergulhou fundo e fez bem feita a sua parte. Ela hoje vive em perfeita harmonia e afinidade com seu companheiro, sendo que suas férias são relatos incríveis, pelos lugares que eles vão e pelas boas coisas que desfrutam a dois.

Nesse livro, colocamos apenas duas anotações dela em seu diário de bordo da vida perfeita, contudo foram muitas vezes que ela se dedicou a esse exercício até que sua meta fosse alcançada.

Você pode relatar em seu diário de bordo pela manhã coisas que vão se manifestar no mesmo dia. A prática tem nos mostrado que quando o criador deixa de lado esse exercício, às vezes por um ou dois dias apenas, ele já sente uma queda em seu ponto de atração. Isso porque o diário de bordo da vida perfeita é uma prática que possui uma incrível capacidade de manter o seu ponto de atração sempre nos mais altos níveis.

Use-o para todas as suas metas. Se é dinheiro o que você precisa, então anote no diário que você tem muito dinheiro, que até está sobrando. Se é trabalho, então anote que você recebe cinco propostas novas de melhores empregos a cada semana e que pode sempre escolher o melhor. Se é saúde ou o peso perfeito, então escreva que está feliz porque seu peso ideal é mantido com serenidade.

Lembre-se de procurar estabelecer o sentimento de que a sua meta já é real enquanto escreve. Não perca tempo em fazer de forma mecânica.

A experiência nos mostrou que muitas vezes não estamos animados para começar os relatos, mas que, quando pegamos a caneta e começamos a escrever, as ideias vão surgindo, a criatividade vai se expandindo e dentro de poucos instantes seu ponto de atração fica elevado. É uma sensação incrível!

É muito comum você escrever páginas e páginas de tanta empolgação, sem que perceba o quanto escreveu. Faça diariamente e você realmente vai "escrever o seu destino".

5. A Teia da Criação

A Teia da Criação é uma poderosa prática que tem como objetivo potencializar seu poder criador, criando uma sintonia elevada, que dispara cada vez mais sentimentos positivos.

A ideia é simples e proporciona uma expansão muito grande dos pensamentos e projeções: em outras palavras, quebrar paradigmas e condicionamentos mentais que nos limitam e geram resistências.

Comece desenhando no centro de uma folha em branco um pequeno círculo. No centro escreva a sua meta realizada. Exemplo: meu próprio negócio.

Concentre-se em perceber quatro sentimentos básicos que sentiria com a sua meta realizada. Vamos supor que os sentimentos seriam alegria, paz de espírito, confiança e autoestima. Puxe do círculo central da meta traços, um para cima, um para baixo, um para direita e outro para esquerda. Na ponta de cada um dos traços faça um novo círculo. Em cada novo círculo, aleatoriamente, escreva o sentimento percebido.

Continue tecendo sua teia. Em cada círculo que contém os sentimentos, puxe mais quatro traços, em quatro direções. Continue a expandir novos círculos com novos sentimentos.

EXEMPLO: TER SEU PRÓPRIO NEGÓCIO.
Agora que tenho meu próprio negócio, sinto alegria. E da alegria, o que vem?

Agora que tenho meu próprio negócio, estou de bem com a vida. O que vem depois?

Agora que tenho meu próprio negócio, sou uma pessoa melhor. O que vem depois?

Agora que tenho meu próprio negócio, sou mais divertido e saudável. O que vem depois?

Quanto mais dedicação você impõe para ampliar a Teia da Criação, maior será o crescimento do seu poder de criação.

Faça uma Teia da Criação para cada uma das suas metas. Fixe essa folha no seu quadro das visões ou dobre e coloque no seu caderno de metas, no entanto jamais deixe-a esquecida. Muitas vezes sugerimos que a pessoa redesenhe a sua Teia da Criação por muitas vezes, todos os dias. Além disso, você poderá começar a tecê-la um dia, mas continuar expandindo durante os próximos dias. É uma aventura incrível de expansão da mente criativa.

Veja abaixo o esquema, um exemplo de Teia da Criação.

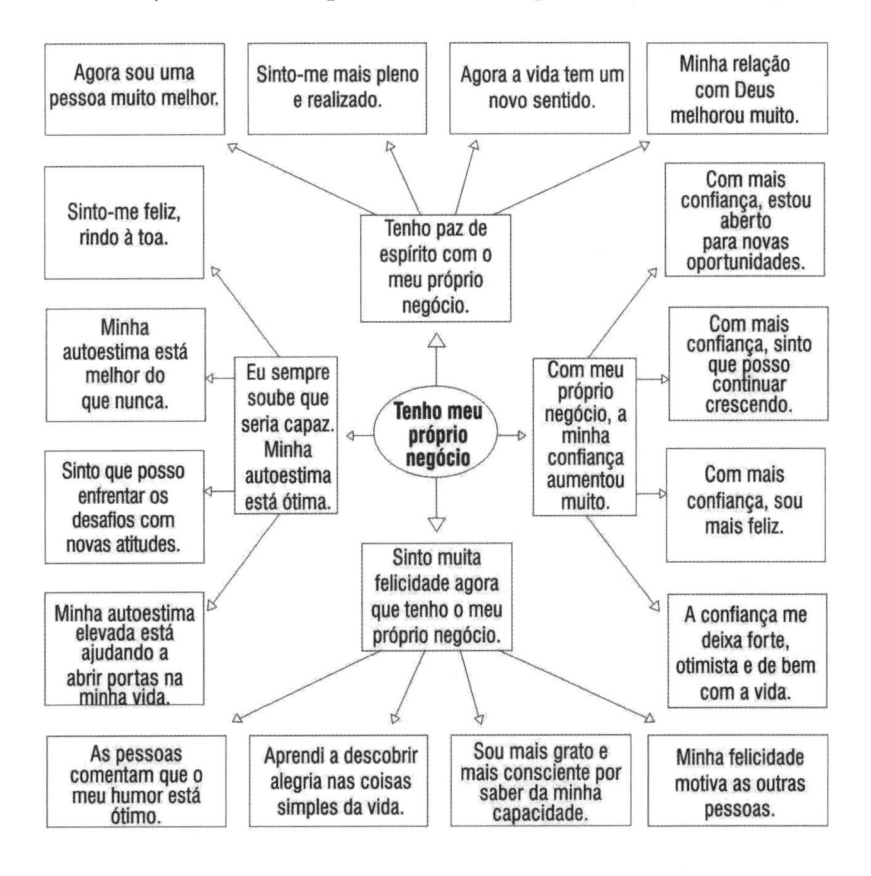

```
                                              Minha relação
Agora sou uma    Sinto-me mais pleno   Agora a vida tem um    com Deus
pessoa muito melhor.  e realizado.       novo sentido.        melhorou muito.

                                                              Com mais
                                                              confiança, estou
Sinto-me feliz,         Tenho paz de                          aberto
rindo à toa.            espírito com o                        para novas
                        meu próprio                           oportunidades.
                        negócio.
                                                              Com mais
   Minha                                        Com meu       confiança, sinto
autoestima está   Eu sempre                     próprio       que posso
  melhor do       soube que       Tenho meu     negócio, a    continuar
  que nunca.      seria capaz.     próprio      minha         crescendo.
                  Minha            negócio      confiança
Sinto que posso   autoestima                    aumentou      Com mais
enfrentar os      está ótima.                   muito.        confiança, sou
desafios com                                                  mais feliz.
novas atitudes.
                                Sinto muita
                                felicidade agora
Minha autoestima                que tenho o meu               A confiança me
elevada está                    próprio negócio.              deixa forte,
ajudando a                                                    otimista e de bem
abrir portas na                                               com a vida.
minha vida.

                                  Sou mais grato e
As pessoas        Aprendi a descobrir  mais consciente por    Minha felicidade
comentam que o   alegria nas coisas    saber da minha         motiva as outras
meu humor está   simples da vida.      capacidade.            pessoas.
ótimo.
```

Casos de sucesso

CAPÍTULO 6

"Um homem é um sucesso se ele levanta de manhã, vai para a cama à noite e no meio ele faz o que quer fazer." Bob Dylan

Neste capítulo, selecionamos alguns depoimentos de pessoas que aplicaram as técnicas do Criador da Realidade, transformando suas vidas em casos de sucesso:

FAZENDO O QUE PRECISA SER FEITO

DEPOIMENTO DE E. S., ENVIADO UM MÊS APÓS O CURSO CRIADOR DA REALIDADE:

Bruno e Patrícia,

Recentemente participei, juntamente com meu irmão L. S., do Curso Criador da Realidade em Nova Petrópolis/RS.

Nesse dia, foi-nos sugerido em uma das dinâmicas escrever uma meta num caderninho colocando nela sentimento, desejo intenso, gratidão e visualização.

Sei que quando nos entregamos a um trabalho que visa ajudar outras pessoas a se desenvolverem muitas vezes nos sentimos frustrados por falta de reconhecimento ou ingratidão. E às vezes nos perguntamos se não deveríamos nos dedicar a um outro tipo de trabalho.

Acredito que vocês estão acima dessas dúvidas, mas é sempre bom saber quando estamos no caminho certo.

Portanto, aqui vão meus sinceros agradecimentos, porque depois desse curso pude realmente entender e mensurar a tão falada Lei da Atração.

Naquele dia eu escrevi: *"Eu me sinto feliz e grato por conseguir vender o apartamento 403 do Ed. Ilhas Fiji por R$ 230.000,00 ainda nesse mês de dezembro. Graças a essa venda, minha imobiliária vai ganhar crédito com a construtora e todos ficaram felizes como eu, porque todos na imobiliária torcem por mim e pelo sucesso de nossa construtora".*

Contrariando o que foi sugerido no curso Criador da Realidade, coloquei uma data, porque sempre aprendi que assim deveria ser feito. E hoje vejo que estava errado, porque o negócio se concretizou no dia 26 de janeiro. Agora entendo que quando se coloca uma data para uma realização, e isso não acontece, ficamos frustrados e cheios de pensamentos negativos.

Bom, hoje guardo comigo uma cópia do contrato de venda do apartamento e a cópia de meu caderno de metas, apenas para me lembrar do poder que tenho de realizar meus sonhos. Autorizo desde já o uso deste depoimento.

Um forte abraço e parabéns pelo trabalho!

Vocês são especialmente apaixonados pelo o que fazem, e isso os torna seres especiais.

Focando nos resultados

Depoimento de N. A. F:

Quando eu tinha 18 anos de idade e exercia a função de estagiário num órgão público, coloquei uma meta única na minha mente: virar servidor naquele local, tal qual meu chefe à época, com todos os benefícios correspondentes.

Para atingir este objetivo, o estudo das matérias relativas ao concurso público passou a ser um alvo constante, razão pela qual procurei manter o foco em todos os momentos. Feriados e fins de semana eram comemorados por representarem mais tempo de preparação, pois havia o trabalho, a faculdade e o estudo para a prova do concurso. Resultado: fiquei entre os 190 primeiros colocados de um total de cerca de 50 mil candidatos, porém, por questões burocráticas, a nomeação e a efetivação no cargo não saíram logo após a prova, conforme geralmente ocorre em concursos públicos.

Depois de ter completado 20 anos de idade, assumi outro cargo público de ensino médio, eis que, concomitante àquele primeiro concurso, realizei outra seleção pública, na qual me classifiquei entre os 80 primeiros colocados, de um total de aproximadamente 30 mil inscritos. O que aconteceu: em razão disso, em poucos meses fui nomeado e efetivado numa instituição muito melhor e mais respeitada, com salário cerca de 50% superior àquele inicialmente pretendido.

Contudo, após alguns meses terem se passado de pura alegria e empolgação no meu primeiro cargo público, percebi que já havia uma nova meta, desta vez mais ousada e agressiva: passar num concurso de ensino superior, correspondente à faculdade de Direito. De forma mais específica, meu objetivo passou a ser o exercício de um cargo que me permitisse ter horários flexíveis, sem subordinação a um chefe imediato, e que a remuneração fosse muito superior àquela então recebida.

Assim, recomeçou a rotina de foco, estudos e concentração, e, após ter me formado com 22 anos, passei num concurso público de nível superior em data muito próxima àquela em que completei 23 anos. Tal seleção contou com mais de 29 mil inscritos, e me classifiquei entre os 220 primeiros de todo o país. Passados apenas alguns meses após a prova, fui nomeado e passei a trabalhar neste novo cargo público.

Atualmente, já transcorridos três anos e meio de trabalho nesta colocação, percebo que alcancei uma função de importância considerável, na qual determino meus próprios horários, sem ingerência direta e diária de um chefe, com remuneração cinco vezes superior àquela recebida na primeira função pública e quarenta vezes maior que a "bolsa" recebida na qualidade de estagiário.

Ah, quanto àquele primeiro cargo pretendido, para o qual não fui chamado imediatamente após a prova (conforme era minha pretensão à época!), cabe informar que a nomeação foi publicada no diário oficial quase quatro anos após a prova, oportunidade em que inclusive já encaminhava a saída do cargo de ensino médio, eis que a atenção estava voltada para a nova meta, conforme explicado.

Na época, uma pergunta povoava a minha mente:

– Mas e a família, os amigos, a namorada, como ficam?

E hoje eu respondo: as verdadeiras pessoas permanecem presentes até hoje, sendo que a namorada que acompanhou a época dos estudos mais "pesados" é hoje a mulher com quem casei. Verifico, assim, a importância do trinômio: SER – FAZER – TER.

Pensando nestes últimos sete anos e nos objetivos alcançados, tenho a convicção de que o êxito (ou melhor, a criação da realidade que buscava à época) somente foi possível devido a alguns fatores, os quais, inclusive, repasso regularmente aos colegas de trabalho e a pessoas próximas: (1) meta ou objetivo claro e definido; (2) fé e confiança inabaláveis quanto ao propósito a ser alcançado; (3) disciplina e esforços diários, a fim de evitar qualquer distração, sabendo que todo o processo era um meio para atingir o fim pretendido e criar materialmente a realidade que já possuía na minha mente.

VENCENDO OS PRÓPRIOS LIMITES

DEPOIMENTO DE A. E. S.

Como professora, pode parecer inicialmente estranho o desafio na comunicação, pois essa era a realidade. Principalmente quando se tratava de expressar desejos e metas pessoais. Porém, justamente nestes casos é que emergiam com força essas dificuldades.

Como profunda curiosa de temas afins à espiritualidade, percebi ao longo dos anos que falar em público sobre esses pontos me era um grande desafio. Durante o curso de Mestrado em Reiki essa percepção aflorou intensamente e o Curso Criador da Realidade surgiu em um momento propício para que pudesse focar ações para a concretização de metas e desejos pessoais. E em meio a isso tudo percebi instalar-se em minha vida a reforma íntima que me fez encarar de frente tudo aquilo que eu achava mais assustador: EU MESMA.

Quando a evolução espiritual, por vezes, devagarzinho, em outras chegando sem avisar, sem bater na porta, se mostrou, não houve mais como negar que para alcançar minhas metas precisava antes mudar minha forma de pensar, agregando a isso minhas emoções e meus atos e atitudes voltados em uma única direção.

Quando tocada por essa verdade, percebi que a vida fora me preparando, me treinando para algo que me era absurdo sequer pensar, o que dirá supor: ministrar cursos e palestras na área. Deixo claro que hoje, olhando para trás, percebo que o desejo interno sempre existiu. O que sempre atrapalhou foram inferioridades pessoais identificadas como gatilhos daquilo que vim curar nesta vida.

À medida que meu foco se esclarecia, mais claro ficava o processo de reforma íntima. Seja através do sincronismo de pessoas, de situações ou e de sentimentos, muitas inferioridades eram amenizadas para que o objetivo final fosse alcançado.

Hoje, como palestrante, ministrante de diversos cursos na área espiritual, terapeuta holística, psicoterapeuta reencarnacionista, posso afirmar que este curso/livro me ensinou que não somente posso pedir e receber. Mostrou-me a ligação estreita entre o que se quer e o que viemos melhorar nesta encarnação. Enfim, a partir dele uma série de acontecimentos se sucedeu para me levar ao meu objetivo pessoal, que, à medida que o caminho foi sendo percorrido, foi se ajustando, por vezes recuando e já em outras se ampliando. Tudo isso permeado pelo processo de mudança, em que com muita humildade (algo necessário neste caminhar) percebi que precisava reconhecer minhas lacunas e saná-las. Logo em seguida, o que notava era que o universo enviava e envia um sinal, ou uma pessoa, ou uma palestra, ou um curso, ou um livro, ou uma vivência para que pudesse dar o passo seguinte.

A mim cabia manter o foco, despreocupada com o "como", atenta a fazer a minha parte, ou seja, manter o máximo de tempo possível alinhado na mesma direção o pensar, o sentir e o agir. A cada passo dado, uma conquista, uma alegria a ser agradecida. Afinal, quem não sabe ser grato pelo que tem ou que nos é mostrado, não está pronto para receber mais. E com isso percebi que uma rede de pessoas se formou, onde uma foi indicando para a outra, e hoje, já são diversas cidades onde ministro cursos e palestras.

Se a minha meta foi alcançada? A do projeto inicial, sim. Porém, com esse caminho percorrido, ela se ampliou. Atualmente, o objetivo alcançado já é um degrau subido para alcançar o próximo. E quem saberá onde isso irá parar? Eu não. Sou apenas criadora da minha realidade, fomentando em minha vida o verdadeiro despertar da missão da minha alma, transformando conscientemente o meu cotidiano para melhor e buscando ser alquimista da minha vida.

Eliminando resistências

Depoimento de A. L. D.

Minha meta era morar em uma cidade bonita e aconchegante, porém inconscientemente havia criado alguns pensamentos negativos que estavam dificultando a realização deste projeto.

O primeiro pensamento que dificultava que este projeto se concretizasse era que neste local não havia a instituição em que meu esposo trabalha para que ele pudesse solicitar uma transferência. O segundo era a dificuldade em encontrar casas para alugar, pois sabia que a oferta era pouca.

Não bastando estes dois pensamentos, ainda me preocupava em como seria possível que esta meta se concretizasse. Mentalmente procurava respostas e alternativas, e não estava encontrando.

Os acontecimentos começaram a fluir a partir do momento em que parei de me preocupar com estes fatores negativos, e também quando comecei a focar apenas no que queria e desisti de pensar em como iria conseguir. Confiei no Universo.

Nas férias nós fomos até esta cidade e ficamos hospedados na casa de amigos, sendo que eu já havia realizado contato com as imobiliárias da cidade através de e-mail. Conversando com um amigo sobre o assunto, ele contatou uma imobiliária pedindo que, quando liberasse uma casa em seu condomínio, avisassem. Para nossa surpresa, naquele mesmo dia uma casa desocupou, e no mesmo momento ficou reservada para nós.

Estamos morando nesta linda cidade, meu esposo conseguiu conciliar o trabalho com o novo local e estamos muito felizes.

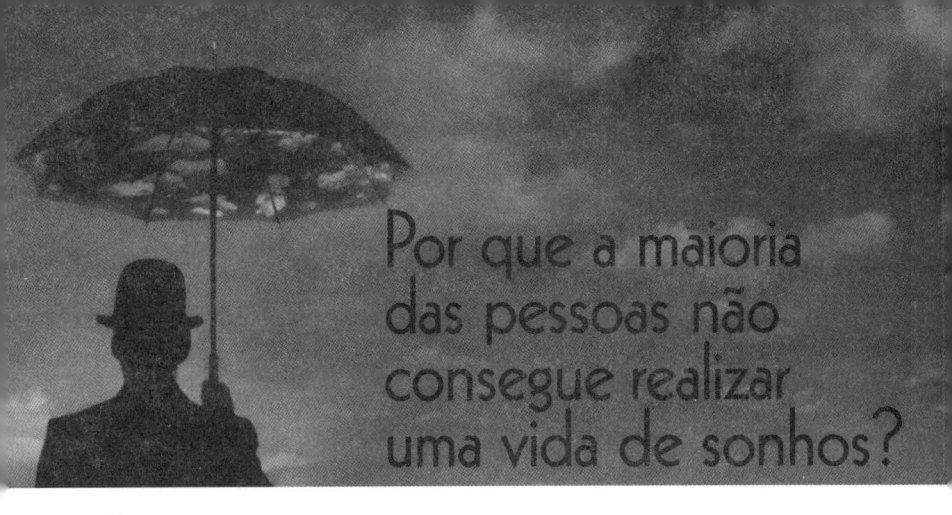

Por que a maioria das pessoas não consegue realizar uma vida de sonhos?

CONSIDERAÇÕES FINAIS

"Uma ideia pode virar pó ou mágica, dependendo do talento de quem esbarra com ela." William Bernbach

Muitas, mas muitas pessoas mesmo, neste mundo já possuem certa habilidade e conhecimento sobre as leis envolvidas no processo de criação das suas próprias realidades. Realmente, vivemos em um momento muito privilegiado quanto ao acesso à informação.

Trabalhamos já há pelo menos seis anos ministrando cursos e palestras Brasil afora, ensinando dicas simples que fazem a diferença na vida de qualquer pessoa que as aplique com disciplina. Estamos nos referindo a técnicas e práticas muito objetivas e descomplicadas que qualquer pessoa, até mesmo sem nenhum grau de instrução, poderá aplicar. Isso porque pensar e sentir é uma bênção que todos temos, e se você pensa e sente, logo pode construir sua realidade.

Não importa se você está em uma faixa de marginalidade, preconceito, crítica, combate, agressão, violência, dívidas, doenças, crises ou qualquer desgraça que seja. Você pode transformar sua vida, basta que queira e que tenha disciplina em fazer a sua parte. Fazer o que tem que ser feito.

Mas porque muitas pessoas, mesmo depois de lerem livros como esse, de escutarem áudios, assistirem a filmes ou mesmo após terem participado de seminários ou cursos, ainda assim não mudam de realidade?

A resposta é simples: não fazem o que precisa ser feito, não fazem o tema de casa.

As pessoas mesmo reclamando de suas condições atuais de vida, em todos os aspectos, mesmo assim não conseguem mudar, não conseguem ter força de vontade para fazer simples transformações de atitudes que elevarão suas vibrações, por consequência não construirão novas realidades.

Pesquisas mostram que as nossas células possuem receptores específicos para absorver cada tipo de substância produzida no corpo. O que impressiona é o fato de que as células também desenvolvem receptores específicos para susbstâncias produzidas a partir de sentimentos como raiva, medo, mágoa, tristeza etc. Também surgem receptores para substâncias como o chocolate, sorvete e outras guloseimas, que passam a ter seus receptores específicos. Sejam substâncias ingeridas, ou produzidas internamente, as células formam seus receptores responsáveis pela absorção de cada uma delas.

A conclusão mais importante nesse aspecto é que um hábito pode modificar o padrão das células, que passam a disponibilizar receptores responsáveis por absorver as substâncias internas produzidas como consequência de um pensamento ou sentimento específico.

Vejam outra constatação interessante: uma pessoa que vive mergulhada em sentimentos de raiva ou lamentações possui em suas células receptores específicos para absorver as substâncias produzidas por esses sentimentos.

Uma vez o receptor incorporado às células, o corpo "pedirá" para que esses sentimentos surjam. Sim, a pessoa tem uma necessidade orgânica associada ao sentimento de raiva como exemplo. A mágoa, o medo também, e assim por diante!

Qualquer pessoa que se lamenta demais, após ler este livro, pode ser que diga: " Eu entendi, vou mudar, vou criar a vida dos meus sonhos, vou ser o criador consciente da minha nova realidade!". Isso é tudo que desejamos, é a nossa maior meta. Mas você terá que ter disciplina para mudar as suas células, porque nos primeiros dias você sentirá uma necessidade orgânica de manter o antigo hábito, e é por isso que muitos tropeçam na arte de criar sua nova realidade. Da mesma forma que é difícil fazer uma dieta, guardar um segredo, resistir a uma sobremesa deliciosa, ao cheiro de café passado na hora ou a uma fofoca, você terá muita dificuldade em mudar seus hábitos se não fizer bem feita a sua parte, se dedicando ao máximo no emprego das técnicas deste livro. Isso porque você precisará eliminar alguns receptores de suas células, que promovem o vício em emoções negativas, como lamentação, por exemplo.

Lembre-se: somos pessoas viciadas em emoções e sentimentos e o foco de tudo é elevar nossa frequência. A consequência óbvia é uma melhoria tão intensa no seu estado de espírito que imediatamente após a mudança, você começará a colher os resultados, o que tornará seu processo muito saboroso e divertido. Mas você precisa querer, precisa se dedicar, ter uma responsabilidade com você mesmo e com seu crescimento pessoal, e isso é difícil para a maioria das pessoas. E por quê?

Porque a maioria de nós quer ser normal, é mais fácil, mais confortável.

A maioria das pessoas não abre mão de hábitos antigos como assistir TV com uma programação futilizada e alienada das verdadeiras necessidades que sua mente e seu coração precisam.

Porque as pessoas procuram o conforto em tudo, não se arriscam, não se entregam em suas ideias ou inspirações. Desistem antes de começar, cheias de medos, preguiças, inseguranças e pessimismos.

As pessoas procuram empregos "seguros", porque têm medo de serem demitidas, e assim vibram no medo, na covardia. Dificilmente procuram trabalhar no que amam, com paixão e dedicação de alma.

As pessoas não mudam de emprego, de visual, de cidade, porque têm medo. Não têm fé, não fazem a parte delas. Não colocam em prática suas ideias e não desenvolvem uma relação saudável com suas intuições. Não estamos aqui defendendo a ideia que você deve se atirar para a vida nas inspirações vagas que você tiver. Isso é suicídio! Referimo-nos ao fato de correr na direção dos sonhos, planejar-se e organizar-se no sentido das suas metas.

Queremos achar culpados para nossos dramas, mas eles não existem! Foram escolhas nossas, sempre foram! Piorando mais ainda a situação, somos viciados em falar sobre o que não nos agrada. Falamos sobre nossos medos, dores e doenças. Adoramos tornar pública a nossa insatisfação com o emprego, a política e o casamento. Alimentamos a dor de nossos corpos quando contamos com prazer sobre nossas tristes histórias de enfermidades e dores da alma. Quantos erros grosseiros... Precisamos parar de alimentar as dores em nossas vidas e mudar o foco!

As pessoas vivem em famílias repletas de sobrecarga emocional, em que cada ser em sua individualidade nem existe mais, perderam suas identidades, porque são apenas a projeção dos parentes próximos. Muitos nem sabem mais se o que querem vem de dentro da alma, ou se vem de fora, da ideia de seus parentes acerca deles mesmos. Eis um grande equívoco que um criador da realidade precisa evitar. Tantas pessoas, por culpas, apegos, medos, codependência, insistem em manter uma proximidade nociva entre os familiares. Nesse ponto muitos comentam: "A família é tudo na minha vida".

Ninguém está ignorando isso, nem dizendo que família não seja uma dádiva divina. Entretanto, quando os integrantes de um grupo familiar não conseguirem desenvolver seus potenciais, neutros de projeções pessimistas de irmãos, filhos, avós, pais, esse ambiente será um "freio de mão" em sua vida. Portanto, muitos erram por não terem coragem de se desapegar de seus parentes, de se distanciar... O desapego é uma atitude saudável que com certeza fará aflorar naturalmente o amor.

Outras pessoas tem pânico de errar mais uma vez, haja vista seu histórico de dor e sofrimento, assim decidem ficar estagnadas. Esse sim é um grande erro! Enfrente o medo de errar e a crítica, porque esses também consomem a sua capacidade de criar a vida dos seus sonhos. O medo da crítica muitas vezes vem do orgulho: engula-o, porque esse sentimento é um vírus implacável. Aprenda a reconhecer quando ele quer tomar conta e saiba que, quando o orgulho entra por uma porta, a vida de sonhos sai por outra. Esse sentimento tem suas raízes no medo e qualquer forma de medo é nociva.

Você provavelmente não conseguirá uma condição de agir sempre com coragem. O medo estará presente muitas vezes. Tudo bem, desde que você aja independente do medo. Quando esse sentimento lhe impedir de tomar as atitudes que você precisa, afetará drasticamente a sua realidade.

Aprenda a meditar, saia da "normose", como diz o professor Hermógenes, grande mestre da Hatha Yoga no Brasil. Não queira ser igual às outras pessoas simplesmente porque você quer se ajustar a um padrão da sociedade. Perceba o grande equívoco: "querer se ajustar a uma sociedade desajustada". Queira ser o que sua essência quer que você seja, por isso conheça o seu Eu.

Busque sua espiritualidade, mas não fique preso a dogmas. Experimente a liberdade espiritual possível no século XXI, também conhecida como universalismo, que quer dizer: "A melhor religião é a do coração e a melhor filosofia é de fazer o bem". Entretanto, faça realmente a sua parte, estude, medite, pratique, mas não se feche para uma religião ou doutrina apenas. Realmente expanda seu coração e faça o bem.

Desligue a TV se estiver passando um noticiário. Esses programas contaminam a sua vibração de tal forma e, mesmo que você não perceba, podem estragar seu dia inteiro. Se você assiste todos os dias, então...

Pare de fofocar, de julgar, de falar mal da sua vida, da vida dos outros...

Dedique tempo à sua alma, faça a sua parte.

Coloque gentileza em tudo o que você fizer, coloque amor, guie-se pelas coisas que vêm do coração, não se venda por nada, seja autêntico mas respeite o próximo. Adoce sempre suas palavras, mesmo que elas tenham que ser duras. Seja firme nos seus propósitos, ajude as pessoas a se ajudarem, jamais dê nada que não estimule a melhoria do outro. Aprenda a jamais alimentar a miséria da alma das pessoas.

O governo não é responsável pela sua felicidade, nem o sindicato da sua categoria, nem seu pai, nem sua mãe, tampouco a sua associação ou clube de amigos.

O imposto que você paga, seja ele alto ou baixo, deve ser pago com leveza. Você precisa compreender a importância da integridade no seu processo de mudança de vida. Goste de pagar contas, goste de pagar luz, água, telefone, internet, IPTU, IPVA etc. Você pode estar nos combatendo nesse instante, dizendo que o pedágio que você paga é um absurdo, ou que seu imposto de renda é uma falta de respeito! Mas lhe afirmamos, você atrai o que transmite! Hoje e sempre, e enquanto não entender que você precisa aprender a pagar suas contas, impostos e outras taxas com serenidade, infelizmente, não atrairá também a vida dos seus sonhos.

Pense bem, a energia elétrica é uma bênção, veja as vantagens que ela proporciona. E a internet? Mais bênçãos ainda, não é mesmo?

E quanto à água? O que acha de ter que ir buscar água na montanha, trazer no balde apoiando na cabeça? Pense nisso quando achar cara a conta d'água!

Você pode não concordar com nada que estamos dizendo, e acreditar que possua outras fórmulas para essas questões, tudo bem, o universo é amplo, ilimitado. Mas, acredite, esses erros citados acima são algumas das maiores barreiras que as pessoas precisam vencer para modificar suas vidas e transformá-las em uma realidade de sonhos.

Você está pronto(a) para fazer tantas mudanças?

Sim, você pode começar aos poucos com as mudanças apenas internas, no pensamento, os resultados já aparecerão imediatamente. Todavia, no momento em que você começar a entender melhor esse processo e começar a ter uma disciplina focada e condizente com seus objetivos, um novo mundo se mostrará, e você provavelmente vai se perguntar: Como eu não percebi isso antes?

Sim, exige disciplina, atitude, força de vontade e paciência para esperar os resultados com confiança e tranquilidade, mas qualquer um pode fazer, qualquer ser pode ter uma vida de sonhos, desde que se alinhe a esse mecanismo e fortaleça a cada dia seus potenciais, que eleve substancialmente a frequência de seus pensamentos e que esteja em constante conexão com a Fonte da Vida!

Com certeza, navegando pelos principais erros que as pessoas cometem, impedindo-as de conquistarem suas metas, não podemos deixar de evidenciar o principal deles: a falta da prática diária das técnicas de criação da realidade. Tudo o que você aprender, faça com dedicação e persistência. Sem constância de propósitos você não modificará a sua vibração, consequentemente não transformará a sua realidade. Por isso, faça, trabalhe na sua rotina diária com seus exercícios de criação, visualizações, afirmações e tudo o mais que estiver disponível. Se você continuar firme nesse propósito, então é só correr para o abraço e viver a vida dos seus sonhos!!!

Um grande abraço!
Com amor,
Bruno e Patrícia.

O Desafio do Criador

"Ninguém comete erro maior do que não fazer nada porque só pode fazer um pouco."
Edmund Burke

Amigo leitor, foi muito bom compartilhar essa caminhada. Juntos nos transformamos, crescemos e evoluímos. Nesse exato momento, chegamos em um ponto da jornada onde você segue adiante e exerce seu poder de criar a realidade e viver a vida dos seus sonhos.

Em tudo, exatamente tudo o que fazemos é importante que uma parte seja doada ao universo para que possamos receber cada vez mais, portanto é hora de fazer a sua contribuição para que sua vida seja cada vez mais abundante. Então, vamos propor o seguinte desafio: quando você começar a perceber a transformação da sua realidade e sentir que as técnicas desse livro estão começando a manifestar a vida dos seus sonhos, é hora de assumir o compromisso de transmitir esse conhecimento a no mínimo cinco pessoas mais próximas de você, pois as atitudes e o comportamento delas, influenciam diretamente o seu sucesso pessoal.

Quando as pessoas próximas a nós vibram em uma frequência elevada, o resultado positivo de nossas metas e conquistas torna-se ainda maior. Contudo, se elas não estiverem na mesma sintonia, você pode encontrar fortes resistências no caminho, daí a importância de expandir esse conhecimento aos seus próximos, para que tudo seja facilitado.

Sugerimos que, se realmente essa obra lhe transformou, que você presenteie no mínimo essas cinco pessoas próximas com este livro, para que elas também possam transformar-se manifestando uma vida de sonhos. Essa atitude abrirá as portas para uma grande evolução coletiva.

Conheça também o concurso à distância O Criador da Realidade, um sucesso de público e resultados que proporciona ao aluno aprofundar o tema com uma didática muito eficaz que une áudios, vídeos, textos, exercícios e outras ferramentas multimídia. Tudo isso você encontra no Portal Luz da Serra (www.luzdaserra.com.br).

Também realizamos cursos presenciais em sua cidade. Contate-nos para saber mais informações.

Um grande Abraço e até a próxima!!!
Bruno J. Gimenes e Patrícia Cândido

BIBLIOGRAFIA

TOLLE, Eckhart. *O Poder do Agora.* Rio de Janeiro, RJ: Editora Sextante, 2002.
HILL, Napoleon. *A Lei do Triunfo.* Rio de Janeiro, RJ: José Olympio Editora, 31ª edição, 2009.
CHOPRA, Deepak. *Criando Prosperidade.* Rio de Janeiro, RJ: Editora Best Seller Ltda, 24ª edição, 2009.
CHOPRA, Deepak. *As Sete Leis Espirituais do Sucesso.* Rio de Janeiro, RJ: Editora Best Seller Ltda, 54ª edição, 2008.
HANH, Thich Nhat. *Vivendo em Paz – Como Praticar a Arte de Viver Conscientemente.* São Paulo, SP: Editora Pensamento-Cultrix Ltda, 7ª edição, 2007.
HANH, Thich Nhat. *A Arte do Poder.* Rio de Janeiro, RJ: Editora Rocco Ltda, 1ª edição, 2007.
TOLLE, Eckhart. *Praticando o Poder do Agora.* Rio de Janeiro, RJ: Editora Sextante, 2005.
GAGE, Randy. *Seja feliz, Saudável e Rico.* São Paulo, SP: Editora Cultrix, 1ª edição, 2008.
ARNTZ, William, CHASSE, Betsy e VICENTE, Mark. *Quem Somos Nós?* Rio de Janeiro, RJ: Prestígio Editorial/Ediouro Publicações S.A., 1ª edição, 2005.
GIMENES, Bruno José. *Decisões-Encontrando a Missão da Sua Alma.* Nova Petrópolis, RS: Luz da Serra Editora Ltda, 2ª edição, 2008.

GIMENES, Bruno José. *Sintonia de Luz- Buscando a Espiritualidade no Século XXI*. Nova Petrópolis, RS: Luz da Serra Editora Ltda, 1ª edição, 2007.

GIMENES, Bruno José e CÂNDIDO, Patrícia. *Evolução Espiritual na Prática*. Nova Petrópolis, RS: Luz da Serra Editora Ltda, 1ª edição, 2009.

CÂNDIDO, Patrícia. *Grandes Mestres da Humanidade – Lições de Amor para a Nova Era*. Nova Petrópolis, RS: Luz da Serra Editora Ltda, 1ª edição, 2008.

HICKS, Esther e Jerry. *Peça e Será Atendido*. Rio de Janeiro, RJ: Sextante, 1ª edição, 2007.

HICKS, Esther e Jerry. *O Transformador Poder das Emoções*. Rio de Janeiro, RJ: Sextante, 1ª edição, 2009.

HICKS, Esther e Jerry. *O Extraordinário Poder da Intenção*. Rio de Janeiro, RJ: Sextante, 1ª edição, 2009.

HICKS, Esther e Jerry. *A Lei Universal da Atração*. Rio de Janeiro, RJ: Sextante, 1ª edição, 2009.

BYRNE, Rhonda. *The Secret – O Segredo*. Rio de Janeiro, RJ: Ediouro Publicações S. A., 7ª Reimpressão, 2007.

YOGANANDA, Paramahansa. *A Eterna Busca do Homem*. Los Angeles, Caliofórnia: Self Realization Fellowship, 3ª edição, 2008.

YOGANANDA, Paramahansa. *No Santuário da Alma*. Los Angeles, Califórnia: Self Realization Fellowship, Califórnia, Los Angeles: 2ª edição, 2008.

LIMA, Moacir Costa de Araújo. *Afinal, Quem Somos?* Porto Alegre, RS: AGE editora, 4ª Edição, 2009.

EKER, T. Harv. *Os Segredos da Mente Milionária*. Rio de Janeiro, RJ: Editora Sextante, 1ª edição, 2006.

STANLEY, Thomas J. *Mente Milionária – Entenda como Pensam os Ricos*. Ribeirão Preto, SP: Novo Conceito Editora, 1ª edição, 2006.

MITCHELL, Jack. *Abrace seus Clientes*. Rio de Janeiro, RJ: Editora Sextante, 1ª edição, 2007.

WATTLES, Wallace Delois. *A Ciência de Ficar Rico*. Rio de Janeiro, RJ: Editora Best Seller, 4ª edição, 2007.

SLOAN JR, Alfred P. *Meus Anos com a General Motors*. São Paulo, SP: Negócio Editora, 4ª Edição, 2001.

Impressão:
Evangraf
Rua Waldomiro Schapke, 77 - POA/RS
Fone: (51) 3336.2466 - (51) 3336.0422
E-mail: evangraf.adm@terra.com.br